地方公務員の再就職

セカンドキャリアに活きる「公務員のスキル」の強みを知る！

北海道大学公共政策大学院教授
元内閣府官民人材交流センター総務課長

城戸 亮 著

第一法規

はじめに

　定年まで職務を全うし、話があればあと2～3年外郭団体等に勤務。あとは退職金と年金で豊かな老後。これまでの地方公務員の職業生涯についてのイメージは、概ねこのようなものではなかったでしょうか。

　しかしながら、このような状況は大きく変化してきています。職業生活の期間については、現在急速に長期化しているところです。30年前は大企業でも55歳定年で退職するのが一般的でした。現在では再雇用を含めると65歳となっていますが、70歳は当然、それ以上の年齢でも元気でいるうちはできるだけ働きたいという人が多くなっています。今から30年後にはさらに10年延びて、75歳まで働くのが当たり前となっているかも知れません。そうなると、現在40歳代半ばの方は、職業生涯の折り返し地点にさしかかっている程度といえましょう。

　世界で最も激務のアメリカ合衆国大統領のポストも、現職のトランプ大統領が74歳、対立候補のバイデン前副大統領が77歳で、2020年秋の大統領選挙が争われています。人生100年時代を象徴する出来事といえるでしょう。

　そうなると、第2の職業生活（セカンドキャリア）は、定年＋αという、いわば第1の職業生活（自治体勤務）の「付け足し」という位置付けでは収まりません。第1の職業生活同様、20～30年間といったまとまった期間となりますので、それに向けての十分な検討・準備が必要となります。

　さらに、第1の職業生活から第2の職業生活（セカンドキャリア）への切り替えが、「定年」に固定されるのではなく、みなさん一人ひとりの最適なタイミングで移行することも必要となるでしょう。

　ところが、現実に人生100年時代を見据えたビジョンを描きながら（あるいは覚悟しながら）、第1の職業生活で着々と準備を進めている人はどのくらいいるでしょうか。

　漠然と、「定年までとりあえず勤めて、後は再任用かな」「民間企業に

再就職といっても、なかなか難しいしなあ」と考えている程度で終わっている人がほとんどではないでしょうか。

　また、考えたとしても、「早期退職募集制度や定年で退職した場合、民間への再就職は現実的な選択肢なのだろうか」「中高年の再就職は厳しいと聞くが、現実に公務員の再就職がうまくいくのだろうか」など、知りたいことがいろいろと思い浮かんでくることでしょう。

　中高年の再就職市場は、新卒就職市場に比べて情報、特に正確な情報が不足しています。人脈、運等も含めて個別性が強く、どのような情報を参考にしていったらよいのかも迷うところです。

　地方公務員はまだまだ長期勤続者が多いことから、身近に参考となるような転職事例がなく、民間企業の勤務者に比べて「情報弱者」となっています。職業紹介事業者でも、地方公務員の再就職についてはまだまだ扱っている実績が乏しく、なかなか地方公務員の再就職の実態、ノウハウについてまとまって知ることができません。

　また、現在の職場でのキャリア形成と第2の職業生活（セカンドキャリア）に向けての転職準備は、相容れないものと考えている方も多いのではないでしょうか。

　筆者は、内閣府官民人材交流センターで国家公務員の再就職支援を4年間ほど担当し、これまで中央省庁の本省及び地方支分部局の人事担当者や中高年齢層の国家公務員の方々に、民間企業等への再就職について実践的な知識・ノウハウを提供するセミナー（「再就職準備セミナー」）を企画・立案し、自ら講師を務めて参りました。

　同セミナーは幸い好評を博し、講義の合間には、多くの出席者の方々と率直な意見交換ができました。出席者からは、「本日の講義内容はとても参考になったが、できればもっと若い時に聞いておきたかった」といった声も多くいただきました。

　本書は、毎回工夫を重ねて開催していたこの2時間ほどの講演内容を基に、書き下ろしたものです。

　本書の特徴は次のとおりです。

- 地方公務員の方々の置かれている状況・環境を踏まえて、地方公務員の「売り」になる経験・能力がわかるよう具体的に解説
- 実際の転職事例（国家公務員の事例も含む）を取りあげて紹介し、学ぶべき点、参考にすべきポイントを整理して解説
- 10年、20年後に必ずやってくる第2の職業生活（セカンドキャリア）に向けて、今準備すべきことについて具体的に解説

　地方公務員の方は「定年後は再任用」というイメージが強いかもしれませんが、それはあなたにとって魅力的ですか。再任用もせいぜい65歳までですが、その後はどうしますか。

　5年一つのことをやれば、素人から玄人に変身できると筆者は考えています。70歳、あるいは80歳を一つの目処に考えると、第2の職業生活（セカンドキャリア）は、様々な可能性に十分チャレンジできるステージといえるでしょう。

　これまでの地方公務員の仕事は、職場の人事異動で決められてきましたが、第2の職業生活（セカンドキャリア）は、自分の意志で決定することが可能になります。このチャンスを有効に使っていただきたいのです。

　本書を読んで、第2の職業生活（セカンドキャリア）について一緒に考えてみませんか。

　令和2年9月

北海道大学公共政策大学院教授
元内閣府官民人材交流センター総務課長

城戸　亮

第3章　中高年の再就職市場と地方公務員の強み

再就職事例について

■ Column－セカンドキャリアを考えるヒント

第5章　再就職の準備　セカンドキャリアを見据えて

〔編注〕

※人物名のアルファベットは、本書で出てくる順に A、B、C としており、特定のイニシャルなどを指すものではありません。

第 **1** 章

第2の職業生活を
取り巻く現状と制度

1 　第２の職業生活（セカンドキャリア）を取り巻く現状

(1)　人生100年時代の職業生活

　「公務員」というと、安定した職業、社会的信用があるしっかりした職場、定年までは公務員で勤め上げ、定年後の行き先も外郭団体などで、その後は豊かな年金生活、というのがほんの少し前まで、現実的な話だったといえましょう。

　そして、離れた実家の老親や田畑をどうするのかなどで、65歳以降に故郷に帰って余生を送るか、住み慣れた現在の地で過ごすかを迷う、といったパターンが多かったのではないでしょうか。

　60歳定年以降の職業生活とは、働くことはあっても、定年までの現役での職業生活の、いわば「付け足し」程度と考えていればよい、というのが相場だったでしょう。

　しかし、いつの間にか、人生100年時代といわれるようになりました。令和元年簡易生命表（令和２年７月厚生労働省発表）によると、90歳まで生きている人は男性の４人に１人、女性の２人に１人、95歳まで生きている人は男性の10人に１人、女性の４人に１人という割合になっています。その長い人生の中で、みなさんは将来、何歳まで働くのかを考えて、職業生活をどのように位置付け、設計されているでしょうか。

　現在、高齢期の就労がますます増加してきています。令和元年の総務省労働力調査（基本集計）では、60歳代後半で就業率は48.4％、70歳代前半で32.2％、75歳以上で10.3％となっています。

　定年後や早期退職後の再就職についても、10年、20年やそれ以上の期間の第２の職業生活（セカンドキャリア）を真剣に考えていかなければならない時代になっています。

⑵　民間大手企業の中高年齢従業員と地方公務員の状況

　民間の大手企業では、随分前から55歳役職定年制などが実施されており、中高年齢層の従業員はその処遇について、厳しい現実を突き付けられていました。40歳前後から、組織内での将来の処遇について、人事担当者と現実を見据えたやり取りをしながら、当該企業での自分の行く末、退職・転職するタイミングなど、真剣に考えざるを得ない状況となっています。

　人事担当者（会社側）も、従業員と1対1で話合うときには、当然従業員から自分自身の評価はどうなっていて、将来的にはこの組織でどこまで昇進できるのか、などと直接聞かれることもあります。こうしたやり取りは、従業員本人とだけではなく、例えば夫婦で人事担当者と面談ということもあります。人事担当者が従業員本人だけでなく、早期退職の退職金の上積み額を配偶者に提示しながら、退職を促す場面まであります。

　また、民間企業では大手企業でも、一昔前よりはるかに流動性が増しています。若手、中堅、年配者が退職・転職していき、中途入社組でさえ、また他社へ転職していくのです。

　将来の社長候補といわれるような出世頭でさえも、いくつかの転職サイトに登録し、時折採用面接も受けています。転職した元同僚からの引き抜きの誘いもあり、元同僚という身近な人を通じて転職先の待遇も知っているのです。労働市場における自分の市場価値については、常にアンテナを張っている状態といえましょう。

　このように、民間企業の従業員には、転職経験者が知り合いに多く、転職は身近なものであり、具体的な情報が豊富に入ってきています。

　これに比べると、地方公務員の世界はどうでしょうか。一昔前よりは、自治体でも社会人経験者の採用が増えたといっても、民間企業と比べるとわずかなものです。「平成30年度　地方公務員の退職状況等調査」（総務省）によると、平成30年度の退職者のうち定年退職の占める割合

が55.5％と非常に高い割合になっており、民間企業の実態とはかけ離れた状況です。

　今までは、民間企業は大変ですね、公務員でよかった、というところですが、これからはそれで終わるはずはありません。

　その理由の一つ目は、冒頭で述べた人生100年時代において、60歳以降の職業生活が長い期間になるということです。定年＋α程度で公務の職場で最後まで面倒をみてもらえるということはないのです。セカンドキャリアについて、真剣に考えなければならない状況なのです。

　二つ目は、地方公務員にも現在の国家公務員のような再就職にかかわる規制の流れが及ぶようになっているということです。国家公務員の再就職規制は厳しく、国家公務員や元国家公務員に対して、人事担当者も含め、国家公務員による再就職の斡旋ができなくなっています。地方公務員の世界でも、平成28年４月から施行された地方公務員法の一部改正では、すでに再就職規制が導入されてきています。

　三つ目は、これまで述べてきたように、民間企業では中高年齢層の従業員にリストラで厳しい退職勧奨を実施してきているところです。自治体がこれに無縁だといえるでしょうか。自治体の財政状況はこれからもますます厳しくなる中、民間並みのリストラや退職勧奨が行われないといえるでしょうか。ほんの10年ほど前まで、いくつもの自治体が給与引き下げを実施していたこと、平成19年に深刻な財政難から、財政再建団体となった北海道夕張市が行ったリストラは、みなさんもよくご記憶のことだと思います。

　四つ目は、再就職においては、厳しい状況にさらされてきている民間企業の従業員と同じ労働市場で戦い、採用を勝ち取らなければならないということです。

　みなさん、他人事ではなく、我が事として、セカンドキャリアについて考えていかなければ、という気持ちになってきたのではないでしょうか。

⑶ 今後の職場でできることの見極め

　みなさんは、現在の職場で今後どのように昇進していくのかを考えたことはあるでしょうか。早期退職募集制度を利用して退職するか、定年まで頑張るか、いずれにしても、現在の職場での今後の自分の状況を予想しておくことは大事でしょう。

　先輩や同期の人事異動をみながら、漠然と課長に上がる時期が延びたとか、上になっても出先機関の幹部で本庁に戻れるのはわずかだとか、感覚的にわかっていると思います。

　現在の職場での、自分が務めるポストの今後の見通しをある程度客観的に見極めるには、その組織全体の過去からの人事異動を踏まえ、その延長線上の将来の人事の線を仮組みして考えてみる、という方法があります。

　公務員の人事異動の基本的な考え方は、単純にいうと、ポストは常に上下関係があるということです。同じ課長ポストでも、ベテランが付く課長ポスト、昇進して就く初の課長ポストなど、基本的には若干でも上下の格の差があります（それゆえ、人事的には2人のポストの入替え人事や3人のポストを回す人事は好ましくなく、こうした状況になった場合は人事の行き詰まりを表しているとされています）。

　図表1のように、上位ポストから上から下に書いていき、左から右に年度を追って書いてみると、基本的に各人の異動の流れは、左下から右上の右肩上がりとなります。そこに過去の着任者を記載していくと、今後の人事の線がみえてきます。その場合、先輩、同期ばかりでなく、後輩も記載していく必要があります。

図表１　ポストと昇進・異動例

（　）は昭和・平成の採用年次

ポスト	平成29年度	平成30年度	令和元年度	令和２年度
総務部人事課長	東山　太郎 （元）	西谷　一夫 （元）	南川　次郎 （２）	南川　次郎 （２）
総合政策部地域政策課長	西谷　一夫 （元）	赤川　花子 （63）	赤川　花子 （63）	青山　三郎 （２）
総務部危機管理課長	黄谷　和夫 （61）	南川　次郎 （２）	緑山　四郎 （元）	緑山　四郎 （元）
保健福祉部総務課長	東西　明夫 （60）	青山　三郎 （２）	青山　三郎 （２）	南北　五郎 （63）

注）　内容はイメージ例であり実在のものではありません。

　公務員の場合、人事管理は採用年次が基本です（ただし、ある程度の段階になると定年を見据えて実年齢別に変わります）。

　人事異動案の作り方は、現在の組織を前提に、少なくとも向こう10年程度（実際は20年程度は必要）の線を引いて、主に各期の人数差、定年時の同期の一斉退職、人材育成面での配慮（業務経験を段階的に積むこと）などを検討し、長期の線を決めます。

　その上で、単年度の人事異動案を作成するのです。長期の人事異動案など作っても無駄だという人が中にはいるのですが、これは長期の人事異動案そのものが大事なのではなく、将来的な人事異動を決める際のネックとなる問題点をあらかじめあぶり出すために、作成しているのです。

　何年後には、このポストが務まる候補者がいないので、現段階から上手に経験を積ませて人材育成をしていく必要がある、などと考えながら、長期の案を練っていくのです。ある期は人数が多く優秀な人が揃っていて、次の年次は人数が少なく人材不足といった場合などに、優秀な人が多い期を多用していると、その期が定年で一斉に退職したときに、次の期が主要ポストを務まるだけの経験を積めていなかった、というようなことが起こってしまうのです。人材不足の期でも、優秀な人材が多

い期の間に多少無理をしても昇進させて割り込ませて、主要ポストを経験させていくということが生じるのはそのためです。

　さて、こういった長期の線を自分なりに書いてみると、自分の同期が各年度で着任できるポストが概ねみえてきます。特に、昇進していくポストに着けるのはわずかばかりということもみえてきますし、昇進競争で先んじた者を後ろから追い抜くのは至難の技だといった現実もみえてきます。

　あまり真剣にやると、「なぜこの人ばかりよいポストにつくのだ」とか、自分の人事的処遇の恵まれなさを悲観してしまったりするだけなので、あくまで冷静な判断材料として、あまり感情を込めないで、淡々と作業してみてください。

　そして、ここでは同期や自分の単なるポスト予想ではなく、自分の期が務められるポストはどれほど限定されているのかを把握することが重要なのです。

　こうして、自分なりに職場の人事異動の経験則（人事担当者が考えている細かいルールなどは気にせず）で線を引いていくと、現実に現在の職場に定年までいると、その同期の中での自分の位置関係では、どのようなポストでどのような仕事をやることになるのかがみえてくるでしょう。

　さて、それを踏まえると、いつセカンドキャリアに移るのが得策でしょうか。それにより、この段階でこの辺りのポストに就けないのであれば早期退職制度に手を上げるかなど、具体的な選択肢を考えるようになるでしょう。また、これからの異動ではセカンドキャリアにつながるポストを希望し、業務経験を積んでおくなど、先を見越した戦略を考えることができるでしょう。

⑷　生計費─確保できている現実と完全引退後の期間の家計維持

①退職手当
　世間では、老後は年金では暮らせない、億単位の預貯金を確保してお

かなければならない、等といった資産運用の金融関係企業のいろいろな宣伝やマスコミ報道がありますが、あまりそういったことに惑わされないでください。

「平成31年地方公務員給与の実態」（総務省）によれば、平成30年度中に退職手当を支給された一般職員の勤続25年以上の定年又は勧奨退職者１人当たりの平均退職手当額は、全自治体では56歳勧奨退職者で21,251千円、58歳勧奨退職者で21,416千円、60歳定年等退職者で21,330千円となっています。概ね２千万円台の退職手当を確保している状況です。

昔に比べると下がったといわれていますが、やはり大きな額をまとまって支給してもらえることは、セカンドキャリアやその後を考える上で、心強いものがあります。

②年金

次に年金です。まず、年金の考え方から説明します。

モデル年金という概念があり、これは、夫が厚生年金（平成27年10月からは、公務員も厚生年金に一元化され加入しています）に加入して平均的な男子賃金で40年間就業し、その配偶者が40年間にわたり専業主婦である夫婦をモデルとして、その２人の基礎年金と夫の厚生年金の合計額（月額）をいいます。2019年度（令和元年度）のモデル年金の額は、月22.0万円となっています（2020年度も同額）。

これは、2019年度の厚生年金の現役男子の手取り賃金平均額35.7万円の61.7％（所得代替率：年金／現役時賃金（手取り））となります。

公務員は、人事院勧告の仕組みを考えるとわかるように、民間準拠ですから、厚生年金でいう「男子の平均的な賃金」で長年給与を受け取ってきたと考えてください。また、民間企業では男女の賃金格差が大きくあったので「男子」としていますが、公務員は男女の賃金格差がないので、女性であってもこの「男子の平均的な賃金」に当てはまります。

みなさんの具体的な年金支給額については、毎年の誕生日の月に日本年金機構から届く「ねんきん定期便」という郵送物で確認することができます。50歳未満の方には、これまでの加入実績に応じた年金額が記載

されており、上記の説明がピンとこないかもしれませんが、50歳以上の方には、現在の加入条件のまま60歳まで継続して加入したもの（保険料を払い続けた）と仮定して計算された年金の受取り見込み額が記載されています。50歳以上の方の受取り見込み額だと、上記の説明に納得いただけると思います。

　もっとも、本書では、セカンドキャリアとして民間企業での再就職にチャレンジすることを提案しています。早期退職後に転職した場合の転職後の賃金がある程度高くないと、モデル年金の額が維持できないのではないかと不安に思うかもしれません。

　これについては、地方機関の国家公務員をモデルにしたものになりますが、2015年10月当時試算してみました（地方公務員の方の事例と年金額は同等の例とお考えください）。「夫婦2人世帯、本人は行政職（一）5級、地方機関勤務（昭和33年度生）、配偶者は3歳年下で無職、22歳で入省、55歳で転職」をモデルにしたところ、配偶者が65歳に達したとき以後の夫婦の年金額でモデル年金の額（当時）を維持したいとすると、55歳転職後65歳まで、月32万円位の収入（手取り賃金額でないことに注意）で働けばよいことがわかりました（2015年10月1日の人事院ホームページ「国家公務員生涯設計総合情報提供システム」の「定年後の収入と支出」の下の「参考」欄の「退職共済年金額計算例」「地方機関」に掲載されていたモデル例で当時、筆者試算）。

③支出額

　次に支出額を考えましょう。総務省の「家計調査年報（家計収支編）」2019年（令和元年）によると、高齢夫婦無職世帯（夫65歳以上、妻60歳以上の夫婦のみの無職世帯）の消費支出月額は、239,947円となっており、上記のモデル年金の額が22.0万円ですから、そのほとんどをまかなえることとなります（そもそもモデル年金の額の制度設計がこれを意図したものであるので、当然の結果といえます）。

　以上、地方機関の国家公務員の例をご紹介しましたが、地方公務員も同じと考えてよいでしょう。仮に65歳以降働かなかったとしても、夫婦

２人で生活費がほぼ年金額でまかなえるということ、足りない部分があっても、２千万円ほどの退職金があるということを、まず認識しておいていただきたいのです。

確保できている現実と完全引退後の期間の家計維持については、万全といえる状況だということを冷静に認識していただくと、セカンドキャリアに何を求めるかがみえてきます。

④「ゆとりある老後」の虚構

年金については、政争の道具となったり、様々なマスコミ報道があったりして、誤解されている場合が多いものです。年金はこれからどんどん減らされていくのではないか、自分が受給する頃には満足に受け取れないのではないか、と思われている方もいるかも知れません。

しかしながら、年金はそもそも受け取る時期が随分先になる関係上、長期的な財政の管理を厳密に行っているものです。現在50歳以上の方には、「ねんきん定期便」で受取り見込み額まで通知しているのですから、みなさんの期待を裏切るようなことは、冷静に考えればないと認識してください。

ちなみに、年金の受取額に最も影響があるのが、保険料を納付している現役世代の賃金額の上昇です。賃上げがあると年金額の上昇に大きな影響があります。少子化の進展は、影響の結果が現れるのが随分先になる関係上、現下の年金額の下落には思っているほどの影響がないといえます。

また、「ゆとりある老後」という言葉が１人歩きをして老後に莫大な資金が必要になると勘違いしている方も時にはいらっしゃいます。

公益財団法人生命保険文化センターの令和元年12月発行の「令和元年度「生活保障に関する調査」」によると、老後を夫婦２人で暮らしていく上で必要と考えられている最低日常生活費は、平均で月額22.1万円、また、「老後の最低日常生活費」に「老後のゆとりのための上乗せ額」を加えた「ゆとりある老後生活費」は平均で月額36.1万円とのことです。

　この月額36.1万円、年間では433.2万円が25年間分だと10,830万円と億を超えることから、老後に１億円必要という論を展開しているところもあるようです。

　しかし、「平成30年分民間給与実態統計調査」（令和元年９月、国税庁）によると、１年を通じて勤務した給与所得者の年間の平均給与は441万円となっています。平均値はずば抜けて高い値が引き上げており、実感にあっているのは中位値であるとされていて、おそらく現役世代の年収の実態はこの平均給与より数十万円ほど低いだろうといわれています。

　現役世代がその年収であるのに、「ゆとりある老後」として働かずに年間433.2万円を支出に回す高齢者がいるというのはいささか非現実的ではないでしょうか。実際にも、高齢夫婦無職世帯の平均の消費支出月額は、239,947円です。これをベースに考えていくべきでしょう。

　金融審議会市場ワーキング・グループ報告書「高齢社会における資産形成・管理」（令和元年６月３日）が、年金の不安を煽ったと話題になりました。これも家計調査年報（2017年）の高齢夫婦無職世帯での実支出の数字と収入（モデル年金の額より少ない）との差、毎月約５万円の赤字で、不足額が20～30年で、13百万円～２千万円程度になることを強調しています。権丈善一慶應義塾大学商学部教授は、この報告書は、支出について、最頻値や中位値よりも高い数字が出る平均値を示しており、その方が生活費の不足に危機感を抱かせることができるとして、それによりつみたて NISA の税制優遇を求める趣旨であったとしています（「金融庁の報告書が実はとんでもない軽挙のワケ」（東洋経済 ON-LINE 2019/06/30）。

　「老後にお金がかかる」という不安を煽るともいえるようなスタンスには十分注意して、冷静に対応することが必要です。

　みなさんは公務員ですから保険料納付をしっかり行っており、モデル年金に近い、あるいは、それを超える年金額を受け取るはずです。その場合は、その年金額の範囲で生活していくことが十分可能です。その前提でセカンドキャリアを考えていただきたいと思います。

⑸　考慮すべき諸事情

①引退年齢をいつにするのか（65歳、70歳、80歳、85歳、90歳）

　「何歳まで働くのか？」その問いは、セカンドキャリアを考える上では、最も大きく、難しい問題であるといえましょう。それは、世の中が現在変化し続けている最中にある問題だからです。「自分自身が70歳、80歳になった時に、はたして自分や周りの人は、何歳くらいまで働いているのか？」、この予想がつかないからです。

　今から30年くらい前は、大企業でも55歳定年でした（私が大卒後最初に入った民間企業がそうでした）。現在は、再雇用を含めると実質65歳までは雇用義務化がなされています。30年を経て10年間も職業生活の期間が延びています。

　また、周りをみていると、実際に60歳代後半の年齢で働く人が急速に増えてきています。政府も70歳までの雇用を検討しています。今からさらに30年位経つ頃には、75歳位で雇用労働者として働く人が増えていても、不思議ではないといえましょう。

　厚生労働省発表の「高齢社会に関する意識調査」（平成28年10月）では、40歳以上の男女3,000人の現在就労中もしくは就労希望の人に対し、何歳まで働きたいかについて尋ねたところ、「働けるうちはいつまでも」が最も多く、31.2％の人がそう答えています。

　この「働けるうちは」には、自分自身の健康状態や環境が大きくかかわってきますが、将来の健康状態などその年齢になってみないとわからないものでしょう。

　これだけ60歳以上で働く期間が延びるようになると、セカンドキャリアの戦略が変わってきます。ほんの少し前までは、せいぜい65歳までを区切りに考えていたでしょう。そうすると60歳定年の後は、付け足しのキャリアでよかったのです。しかしながら、「働けるうちは」を実践しているうちに80歳まで働くことになるかもしれないと考えると、セカンドキャリアについて、本格的に考える必要があることに気づきます。人

によっては、従来の言葉で「現役」といっていた第１の職業生活が、むしろセカンドキャリアの準備であったとしかいえない人も出てくるかもしれません。また、第１の職業生活の不満・失敗をバネにして、セカンドキャリアで挽回を図るという人も出てくるかも知れません。

②本人の病気・健康状態による仕事の負荷、通院・治療等の制約

高齢期の職業生活では本人の健康状態が重要です。65歳までの定年後の再雇用か定年延長かの議論の際にもよくいわれていたのが、高齢期になると健康状態の個人差が激しく、一律の年齢での人事管理が難しくなる、という点です。そのため、定年再雇用の制度選択を行う企業が圧倒的に多かったのは記憶に新しいところです。

他方、労働環境の変化などにより脳・心臓疾患や精神疾患などを抱える従業員が増加していることや、医療技術の進歩によりこれまで予後不良とされてきた疾患の生存率が向上していることなどを背景に、治療をしながら仕事を続けることを希望する従業員のニーズが高くなってきています。特に近年、がん患者の方の就業継続の問題がクローズアップされています。労働者が治療を続けながら就労する支援措置や環境整備に厚生労働省も力を入れているところです。

社会全体が、長期間の職業生活の間には、病気になったり、治療をしながら就労を続ける期間があったりしても当然であるという考え方になってきています。

ただし、通院・治療等の制約がどの程度あるのか、仕事の負荷はどの程度までなら大丈夫なのかなど、主治医と十分相談しながら、職業生活の条件を把握しておく必要はあるでしょう。

③家族の介護、故郷の家、子の扶養等による勤務時間・場所の制約

故郷の老親、配偶者の介護などにより、職業生活を見直したり、中断したりしなければならないことは多々あります。早期退職募集制度の応募者の中にも、そういう方は多くいらっしゃいます。介護については、育児と異なり、いつまで続くのかがわからないことが事態を難しくさせています。現在の支障がある状況を前提としながら、思うように働ける

状態でなくても、「キャリアをあきらめない」姿勢が一番大事です。本当に大変な時は、介護休暇制度を利用してしのぐなど、なんらかのキャリア継続を行い、退職という選択はなるべく取らないようにしていきましょう。

　次に、「単身赴任や広域の転勤を避けたい」「故郷の家の問題があり、故郷や自宅から通える勤務場所にしたい」など勤務地・住所地の問題があります。最近の高齢化の進展により、60歳以降での勤務地・住所地の移動が私の周りでも増えてきています。老後といわれる期間の長期化に伴い、高齢になったら終の棲家でないといけないという固定観念が変わりつつあることに気づきます。迷う場合は、とりあえずの勤務地・住所地として決定するという選択を考えればよいかと思います。

　現在では、結婚年齢も遅くなり、高齢出産が増えたことにより、親が定年年齢を迎えても子どもが学校に通っているという場合も増えてきています。そうすると、子どもの学費なども念頭に置かなければならなくなります。また、首都圏などの分譲住宅の価格高騰により、住宅ローン期間について考えなければならない人もいるでしょう。住宅ローンについては、退職金による一括返済をなるべく考えることや、子どもの学費については、近年奨学金が充実してきたこともあり、それらの活用も視野に入れて、考えていく方が現実的ではないかと思います。

　いずれの問題も、高齢化の進展により、長期間の懸案材料となっていますが、働き盛りの世代同様、現下の問題に現実的に対処しつつ、将来的な未確定の不安については、課題として認識するにとどめ、無理にその解決に力を注ぎすぎない方がよいように思われます。

2 退職・再就職関係の制度

(1) 退職の種類

　退職については、定年退職、早期退職募集制度による退職、勧奨退職、自己都合による退職（普通退職に分類）があります。

　「定年退職」は、条例により定年年齢の定めがあり、医師職などの一部の専門職以外は60歳と定められています。また、定年に達した日以降における年度末を退職日と定めています。平成30年度中に離職した一般職地方公務員の55.5％を占めています。

　「早期退職募集制度による退職」とは、年齢別人員構成を適正化し、組織活力の維持等を目的として、退職手当に関する条例に基づき、年齢等の条件を示して退職希望者を募集し、これに応募した職員が退職することをいいます。国では平成25年11月から施行されており、地方自治体でも順次条例化されています。

　募集においては、①年齢、職位、勤務部署その他募集の対象範囲を特定する事項、②募集の期間（応募受付期間）、③募集人数、④退職すべき期日または期間等を明示して、周知されます。

　概ね、勤続年数20年以上で、定年まで15年以内の職員が対象になります（これは条例では概ね広範囲の規定としながら、実際の募集においてその内の一部の年齢等に限定することに注意）。この場合、退職手当算定の際に退職時給料月額等に、定年までの年数1年につき概ね3％加算されます。

　条例があっても、実際の募集が必ずしも毎年なかったり、募集の時期が不定期であったりします。また、募集の年齢、職種等についてもその都度異なることもあり、応募しようとする職員の側としても、あらかじめ予定しておくことが難しいものでもあります。

　早期退職募集制度による退職者は、平成30年度中に離職した一般職地

方公務員の3.0％を占めています。早期退職募集を行った団体の割合は、12.8％となっています。

「勧奨退職」とは、任命権者が、人事管理上の目的から職員に対して退職を勧奨し、これに応じて職員が退職することをいいます（退職勧奨を行った事実について、人事委員会規則等に基づく記録が作成されます）。退職手当に関する条例に基づき、定年までの年数１年につき概ね２～３％加算されます。上記の早期退職募集制度がある場合には、それと同じ３％加算になっていることが多いようです。勧奨退職は従来からあるものなので、先輩職員の退職例も多く、馴染みがあるかと思います。

勧奨退職による退職者は、平成30年度中に離職した一般職地方公務員の6.0％を占めています。勧奨退職を行った団体の割合は、21.2％となっています。

「普通退職」とは、定年退職、勧奨退職、早期退職募集制度による退職、分限免職、懲戒免職、失職及び死亡退職のいずれの事由にも該当しないで離職することをいいますが、主なものとしては、「自己都合による退職」があります。普通退職は、平成30年度中に離職した一般職地方公務員の33.7％を占めています。自己都合による退職の場合は、退職金の支給率は上記の各制度と比べて低くなっています。

（総務省「平成30年度　地方公務員の退職状況等調査」より一部抜すい）

図表2 離職状況の概況（平成30年度離職者）

平成30年度中に離職した者　129,892人
（平成30年4月1日から平成31年3月31日までの間に離職した者）

【離職事由別割合】

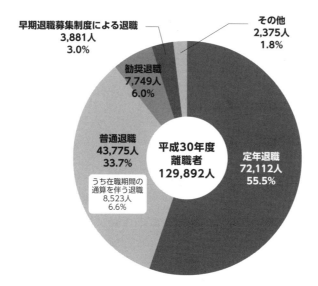

（注1）「普通退職」には、自己都合退職等他の区分のいずれにも該当しないも
　　　のが含まれる。
（注2）「その他」には、分限免職、懲戒免職、失職及び死亡退職が含まれる。

（出典：総務省「平成30年度　地方公務員の退職状況等調査」8頁）

図表３　早期退職募集の実施状況等（平成30年度離職者）

（単位：団体）

区　　分	全団体数	早期退職募集を行っている団体数	早期退職募集を実施した理由（複数回答）	
			職員の年齢別構成の適正化を図るため	職制の改廃又は勤務公署の移転を円滑に実施するため
都道府県	47	16	16	1
政令指定都市	20	10	10	1
市・特別区	795	238	237	6
町村	926	124	123	6
一部事務組合等	1,537	39	37	4
計	3,325	427	423	18

※任命権者により基準等が異なる場合は、首長部局における基準等で回答。
（出典：前掲資料15頁、第６表）

図表４　勧奨退職の実施状況等（平成30年度離職者）

（単位：団体）

区　　分	全団体数	勧奨退職を行っている団体数	勧奨退職の基準（複数回答）		
			年齢	勤続年数	役職
都道府県	47	33	31	26	2
政令指定都市	20	8	8	5	1
市・特別区	795	356	326	300	8
町村	926	234	214	179	8
一部事務組合等	1,537	74	60	47	4
計	3,325	705	639	557	23

※任命権者により基準等が異なる場合は、首長部局における基準等で回答。
（出典：前掲資料15頁、第７表）

⑵　再任用

　公的年金の報酬比例部分の支給開始年齢が段階的に60歳から65歳へと引き上げられることになっています。これに伴い、無収入となる期間が発生しないよう、地方公務員の雇用と年金の接続を図るとともに、人事の新陳代謝を図り組織活力を維持しつつ職員の能力を十分活用していくため、当面、定年退職する職員が公的年金の支給開始年齢に達するまでの間、希望する職員については再任用することとなっています。地方公

務員法第28条の4及び第28条の5等を踏まえ、条例が制定され、実施されています。

　定年退職する職員が再任用を希望する場合、当該職員の任命権者は、年金支給開始年齢に達するまで、当該職員をフルタイムで再任用することとされています。ただし、職員の年齢別構成の適正化を図る観点（新規採用を確保したい等）からフルタイム再任用が困難であると認められる場合、または当該職員の個別の事情（短時間を希望等）を踏まえて必要があると認められる場合には、短時間での再任用が可能とされています。再任用職員の任期については、通例1年ごとの更新となっています。

　平成30年度定年退職者に係る再任用においては、フルタイム勤務は66.3％、短時間勤務は33.7％となっており、更新も含めた平成30年度実績では、フルタイム勤務は48.6％、短時間勤務は51.4％となっています（総務省「平成30年度　地方公務員の再任用実施状況等調査」16頁・23頁）。

⑶　再就職規制

①国家公務員の再就職規制の経緯

　国家公務員の再就職規制については、従来から、いわゆる天下りの弊害が指摘されており、世論での批判の高まりを背景に、国家公務員制度改革の柱の一つとして掲げられてきました。

　中央省庁におけるキャリア採用者の早期退職慣行（いわゆる「肩たたき」）が天下りを生み出す主因といわれて、小泉内閣において、「早期退職慣行の是正について」（平成14年12月17日閣僚懇談会申合せ）により、「各府省のⅠ種及びこれに相当する幹部職員の勧奨退職年齢を、平成15〜19年度の5年間にかけて段階的に引き上げることとする。これにより、平成20年度には、原則として現状と比べて平均の勧奨退職年齢を3歳以上高くすることを目標とする」とされました。

　実際にも、平成21年4月28日内閣官房・総務省の報道資料「早期退職

慣行の是正について」において、「(1)各府省における取組開始時点における平均勧奨退職年齢は一部の省庁を除き54歳未満の水準であったが、取組終了時点において、同年齢はすべての府省において55歳半ばから59歳近くの水準にまで引き上げられたこと、(2)取組開始時点の平均勧奨退職年齢が元々55歳を超えている省庁については、引上幅が3歳に満たないものの、取組終了時点の同年齢が57歳半ばから59歳近くに達していること、等を考慮すれば、政府全体としては、同申合せの目標は概ね達成されたと考えられる」とされており、その後も着実に定年年齢（原則60歳）までの勤務が定着してきている状況です。

　再就職規制については、小泉内閣の中馬弘毅行政改革担当大臣が平成18年9月22日の経済財政諮問会議に提出した「新たな公務員人事の方向性について」（平成18年9月15日）において、下記のような考え方が示されました（以下抜すい、一部改変）。

- 公務員の再就職規制については、憲法により何人にも職業選択の自由が保障されていることを念頭に置きつつ、公務の公正性に対する国民の信頼に疑念を生じる行為は厳しく禁止して、その違反を厳格に取り締まり、制裁を科すとの考え方に転換していくべき。
- 官民の枠を越えた幅広い勤務経験により蓄積された公務員の知識・経験がニーズに応じ有効活用されるよう、公務の公正性に対する信頼を損なう行為を明らかにし、それを禁止するとともに、それを第三者的立場から監視することで、透明性を高めていくことが望ましい。
- 公共調達の適正化等を阻害する働きかけが営利企業に再就職した元公務員からなされないよう、厳しく取り締まることが重要である。これらによって、予算等を背景とした元公務員の再就職の受け入れによって企業側が不当な利益を受けたり、そのような期待を持つことがないようにすることが、公務の公正性を担保する上で最も効果的である。

これらの考え方を基に、公務員制度改革のうち、天下り規制と能力実

績主義に基づく人事制度を盛り込んだ平成19年の国家公務員法改正が成立し、ほぼ現在の国家公務員の退職管理・再就職規制の制度のベースができ上がったといえます（参考：小林公夫「国家公務員の天下り根絶に向けた近年の取組」レファレンス2012.8、28p〜33p）。

②現在の国家公務員の再就職規制・再就職情報の届出制度

現行の再就職規制は、予算や権限を背景とした押しつけ的な再就職あっせん等、いわゆる「天下り問題」に対する国民からの厳しい批判を受け、3つの行為規制を導入しています。

　ア　あっせん規制（他の職員や職員 OB の情報提供や再就職依頼の規制）

　職員が、営利企業等に対し、他の職員・職員 OB を再就職させることを目的として、当該者の情報提供、再就職ポストに関する情報提供の依頼、再就職させることの要求・依頼をすることを禁止しています。

　これは、人事担当者に限らず、すべての職員が対象になりますし、他省庁の職員であっても、再就職を目的とした情報提供や再就職依頼は禁止しています。

　イ　求職規制（在職中の利害関係企業等への求職の規制）

　職員が、利害関係企業等（職員の現在の職務に利害関係を有するものとして政令で定める営利企業等）に対して、自己の情報提供、再就職ポストに関する情報提供の依頼、再就職することの要求・約束をすることを禁止しています。

　これは、在職中の職員が人材紹介事業者に登録し、求職活動をする場合などに注意が必要となります。自ら積極的に求職活動をしていなくても、先方からの依頼に応じて（離職後に利害関係企業等の地位に就くことを目的として）、自己の情報を提供することや地位に就く約束をすることも違反となります。約束は口頭によるものでも含まれます。

　また、「地位」とは、非常勤であっても、報酬がなくても、役員を

はじめとして、顧問、参与、嘱託のほか、アドバイザーのようなものも含む、当該利害関係企業等の組織内のすべての地位を意味するものであり、「地位に就く」とは、雇用契約に基づくものだけでなく、委任契約、業務委託なども含みます。

ウ　働きかけ規制（職員OBによる口利きの規制）

再就職者が、離職前に在職した局等組織の職員に対して働きかけを行うこと（契約や処分に関する事務に関し、職務上の行為をする（しない）ように、要求・依頼をすること）を禁止しています。また、再就職者から働きかけを受けた職員は、内閣府再就職等監視委員会事務局の再就職等監察官への届出が必要となっています。

いずれも、違反については懲戒・過料、職務上不正行為を伴う場合は刑罰が科されます。

さらに、再就職の透明性の確保と退職管理の適正化の観点から、再就職情報の届出制度を導入しています。職員は、在職中に再就職の約束をした場合、任命権者への届出が必要となり、このうち管理職職員の分は、任命権者から内閣総理大臣（内閣官房内閣人事局）に通知されます。管理職職員の経験がある職員OBは、離職後2年間の再就職について、内閣総理大臣（内閣官房内閣人事局）への届出が必要です。この届出義務違反についても、懲戒・過料が科されます。

加えて、内閣総理大臣（内閣官房内閣人事局）は、管理職職員の経験がある職員OBに係る再就職情報について、四半期ごとに閣議報告を行います。内閣は、上記の閣議報告を取りまとめ、四半期ごと及び毎年度ごとに公表することとされています。

（②は「国家公務員が知っておかなければならない「再就職に関する規制」と「再就職情報の届出制度」」（令和2年1月内閣官房内閣人事局）より抜すい、一部改変）

③地方公務員の再就職規制・再就職情報の届出

ア　元職員による働きかけの禁止

国家公務員の再就職規制を受けて、地方公務員法が一部改正されま

した（平成28年4月1日施行）。

営利企業等に再就職した元職員に対し、離職前の職務に関して、次のような現職職員への働きかけを禁止しています。

1)　在職していた地方公共団体と再就職先との間の契約または処分であって離職前5年間の職務に関し、離職後2年間、職務上の行為をするように、または、しないように（不作為）現職職員に要求・依頼すること

2)　都道府県の部長、政令市の局長などの地方公共団体の長の直近下位の内部組織の長に就いていた者や、都道府県、政令市、中核市などの次長、課長などの国の部課長級相当職に就いていた者（条例で定めた場合）については、離職後2年間、離職前5年より前にそれらの職に就いていた時の職務に関する現職職員への働きかけ

これらに違反した場合、働きかけをした元職員には10万円以下の過料、不正な行為をするように働きかけをした元職員には1年以下の懲役または50万円以下の罰金、働きかけに応じて不正な行為をした職員には1年以下の懲役または50万円以下の罰金が科されます。

イ　退職管理の適正を確保するための措置

自治体は、国家公務員法の退職管理に関する規定の趣旨、当該自治体の職員の離職後の就職の状況を勘案して、退職管理の適正を確保するために必要と認められる措置を講ずるものとされています。

具体的には、再就職あっせんの規制、現職職員の求職活動規制、再就職状況の公表等となります（総務省「地方公務員の退職管理に係る制度及び取組状況」平成31年4月1日）。

自治体が退職管理の適正を確保するために必要と認められる措置の要否やその内容については、職務の公正な執行及び住民の信頼確保の観点について十分考慮し、条例で定めているところであり、自治体等によりその内容等に差が生じています。また、それ以外に、離職後の再就職の自粛要請等の措置を講じているところもあります。

図表5　地方公務員の退職管理に係る取組状況（平成31年4月1日時点）

(1)　**再就職情報の届出制度等**

	届出制度等あり	届出制度等なし
都道府県	47（100.0%）	0（0.0%）
政令指定都市	20（100.0%）	0（0.0%）
市区町村	835（48.5%）	886（51.5%）

(2)　**再就職状況の公表**

	公表している	公表していない
都道府県	47（100.0%）	0（0.0%）
政令指定都市	20（100.0%）	0（0.0%）
市区町村	430（25.0%）	1,291（75.0%）

(3)　**再就職あっせんの制限等**

	制限等あり	制限等なし
都道府県	16（34.0%）	31（66.0%）
政令指定都市	7（35.0%）	13（65.0%）
市区町村	86（5.0%）	1,635（95.0%）

※：「再就職あっせんの制限等」には、条例等に基づく制限以外の方法で再就職あっせんを自粛要請しているものを含む。

(4)　**在職中の求職活動の制限等**

	制限等あり	制限等なし
都道府県	15（31.9%）	32（68.1%）
政令指定都市	2（10.0%）	18（90.0%）
市区町村	54（3.1%）	1,667（96.9%）

※：「在職中の求職活動の制限等」には、条例等に基づく制限以外の方法で在職中の求職活動を自粛要請しているものを含む。

（出典：総務省「地方公務員の退職管理に係る制度及び取組状況」）

ウ　再就職情報の届出

　条例により、再就職した元職員に再就職情報の届出をさせることができるものとしています。条例で定める内容としては、届出の対象者、義務付け期間、届出事項等があり、届出義務違反の罰則について

も条例で10万円以下の過料を定めることができます。

　エ　働きかけ規制違反に関する監視等

　　働きかけの規制違反に対する人事委員会または公平委員会による監視体制（元職員による働きかけを受けた職員から届出を受けること、任命権者に調査を要求すること等）を整備するとともに、不正な行為の見返りとして再就職のあっせん、求職活動等をした職員は、3年以下の懲役となります。

（③は「地方公務員法における退職管理の概要について（地方公務員の退職管理の適正の確保）」及び「地方公務員の退職管理の適正の確保について」（総務省自治行政局公務員部高齢対策室）より抜すい、一部改変）

⑷　再就職支援

①国の求人・求職情報提供事業

　国家公務員の離職後の再就職の援助に関しては、内閣府官民人材交流センターで、早期退職募集制度への応募者を対象に民間の再就職支援会社を活用した再就職支援を実施していますが、平成31年1月から、それに加えて新たに求人・求職者情報提供事業を実施しています。

　これは、国家公務員が培ってきた能力や経験を社会全体で活かしていくため、企業・団体等の求人情報や、再就職を希望する者の情報を収集し、相互に提供することにより、再就職規制を遵守した自主的な求人・求職活動が行えるよう支援することを目的としています。

　45歳以上で公的年金支給開始年齢に達する前の者は、本事業を利用して離職後の再就職先を探すことができます。

　事業の仕組みは以下のとおりです。

1)　「求人者（企業・団体等）からの求人情報」並びに「離職後の再就職を希望する国家公務員及びOB・OG（求職者）の求職者情報」を収集します。

2)　求人者から登録された求人情報を求職者に、求職者が登録した求

職者情報を求人者に提供します。

3)　求人情報を見た求職者からの「応募希望の申出」、求職者情報を見た求人者からの「スカウト希望の申出」を受け付けます。

4)　3)の申出について、国家公務員の求職活動規制（利害関係企業等への求職活動禁止）等の対象に該当しないか、求職者の所属・出身府省等で確認を行います。

5)　規制等の対象に該当しないことが確認された場合は、求職者と求人者が直接連絡を取り合うのに必要な情報を知らせます。

6)　求職者から求人者に直接連絡を取り、応募します。

（1）～6）は内閣府官民人材交流センター「官民人材交流センター求人・求職者情報提供事業　利用の手引き（求職者用）」（令和2年5月改訂）3頁より抜すい、一部改変）

②自治体の職員向け人材バンク等

様々な自治体で、平成28年4月の改正地方公務員法の施行に伴い、条例等で再就職規制等を実施しているところです。

特に再就職のあっせん規制、求職活動規制、再就職先の届出・公表など、国に準じた規制が導入されることから、再就職の公正性を確保しながら適正に退職管理を行うために、いわゆる「人材バンク」といったような求人・求職情報提供事業などを実施しているところも多くなっています。

これについては、必ずしも国の事業がモデルとなっているわけではありません。内閣府官民人材交流センターの同事業は平成31年1月からの実施であり、同様の事業を先行して実施している自治体もありました。

各自治体により、利用できる職員の範囲、求人側の範囲、利用時期（退職時期の春に限定している場合も多い）、人事委員会（公平委員会）との関係などに違いがあります。

利用できる職員については、再就職規制が厳しくかかる一定の職員に限る場合、一定の年齢層の職員全員が対象となる場合などがあります。

求人側については、自治体が一定比率以上出資等している外郭団体の

一定レベル以上のポストに限る場合や、自治体職員を欲しいと考えている企業等の全てを対象にしている場合などがあります。

　公正性・透明性の仕組みについては、人事委員会（公平委員会）がマッチングについて審査等を行う場合や、再就職の実績を公表する場合など様々です。

　これらについては、公になっている制度・仕組みの説明だけでは現実の運用がわかりにくいので、これらを実際に利用して再就職したOB・OGに話を聞く機会があれば聞いておくことをお勧めします。それができない場合は、人事担当者に利用を検討したい旨話したうえで、実際の運用がどのようになされているのかを確認しておいた方がよいでしょう。

第2章

公務のキャリアの
自己分析

1 今後の職業人生を選択するための自己分析

　人生100年時代には、現在の職場である第1の職業生活の後に、まとまった期間の第2の職業生活（セカンドキャリア）が出現します。

　そこでは何を求めますか。現在の職場や再任用では実現できないもの、現在の職場で培った自分の能力を活かしてくれるところ、昔からこれを職業としてみたかった、などやってみたい仕事、できる仕事は何か、既成概念にとらわれる必要はありません。自由に、誰にも気兼ねなく、考えてみてください。

　仕事自体というよりも、自分が社会に貢献できていると実感できる仕事がしたい、という人もいるでしょう。果たせる役割、果たしてみたい役割は何かの方が重要だという人もいるでしょう。

　Aさんは、30歳まで建築関係の仕事の正社員として勤務したあと、結婚退職し、主婦の傍ら、時折塾講師などのアルバイトなどをしていました。ちょうど団塊世代の退職による教員の大量採用の時期に子どもの学校の校長先生から、教員免許を持っていたため教員採用試験を受けることを勧められ、チャレンジしたところ合格し、40代半ばで公立学校の教師になっています。

　またBさんは、公益法人の経理で長年勤務してきましたが、50代半ばで畑違いのウェディング・コンサルタントに転職したそうです。夢のある仕事であり、なかなか選択肢にあがらないと思われる職業へのキャリアチェンジは、注目すべきものがあります。

　再任用のような現在の仕事の延長という選択とは違ったセカンドキャリアは、再就職という「新たなチャレンジ」の側面があり、それを活かしてその後の人生を活き活きと過ごしていらっしゃる方も多いです。他方、再就職は、多かれ少なかれ「チャレンジ」な一面がありますので、「計画的」で「きれいな」再就職のみを目指したいと思うかもしれませんが、それはやはり現実的ではありません。

　中高年齢層の再就職では、いろいろな模索の中で、可能性を見出し、チャンスを活かし、チャレンジすることが重要です。「常識」という先入観から離れて、「やってみたいこと」にチャレンジする、チャレンジする限りは、努力・忍耐などは当然必要、しかし、やってみる価値はある、チャレンジしても失うモノはないのでは、とまずは考えてみるのはいかがでしょうか。

　また、どうしても自身の新卒時の就職活動や子どもの就職活動をつい思い浮かべて、経験があっても若さがないとだめなのでは、と考えがちだと思われますが、中高年になってから未経験の仕事に転職される方も多くいらっしゃいます。物事を柔軟に考えていくことが、再就職活動においてもプラスとなってきます。

　また、中高年になってからの方が新卒時よりも自由に自分の好きな仕事を選んでいける、という側面もあります。

　例えば、介護の仕事です。社会的に大事でやりがいがある仕事です。しかし、新卒の場合の就職先として考えると、現状では新卒レベルでは他業界と給与の差がなくても、その後なかなか給与が上がっていかない現状があります。

　ベンチャー企業、スタートアップ企業なども、不安定であるということに加えて、社内での人材育成の余裕もあまりないでしょう。しかし、新卒でなく再就職のみなさんであれば、マイナスとみるよりも、すでにある知識・能力で人材育成にも貢献していけますし、未知の可能性にかけることが若いときよりもできるのではないでしょうか。

　みなさんは、退職金、年金は一定額を確保しています。将来的に給与が上がらなくても、時には倒産のリスクがあっても、必ずしもマイナス要素とはならないのではないでしょうか。純粋にこの仕事をやってみたい、ベンチャーの夢にかけてみたい、などと行動できる環境にあるといえるでしょう。新卒時よりも自由な発想で仕事を選んでいくことができると思います。

　さらに、新卒だと具体的な仕事は入社した企業では選べません。それ

が新卒市場の特徴です。しかしながら、再就職市場は採用担当者も就いてもらう仕事、果たしてもらう役割を具体的にイメージしています。必要な仕事で求人を出し、それに応募するといった仕事本位の就職です。即戦力で勝負、やりがいを求めて未知の仕事にチャレンジ、など、自由な気持ちで選んでみてください。

　再就職先のネームバリュー、肩書き、給与額、職場環境、貢献できる度合い等、現実的にはどうしても総合的判断となりますが、求める優先順位を明確にして、悔いのない選択をしていきましょう。

⑴　キャリアの棚卸し

　セカンドキャリアを考える上では、自己分析が必要となってきます。その中でまず行っていただきたいのは、「キャリアの棚卸し」です。「キャリアの棚卸し」とは、自分のこれまでの職業生活の中でどのようなことを行ってきたのかについて、拾い出す作業のことです。社会人になってから（場合によっては学生時代のアルバイト経験から）現在に至るまでの職歴を詳細に振り返ることです。

　これは、再就職活動に必要な「職務経歴書」の母体となります。「就任時期・期間」「所属・役職」「具体的な担当業務」「担当者としての業績（オリジナルの業績を中心に）」などについて、正確に、考えながら記述していきます。基本的には人事異動ごとにひとまとまりにしていきます。

　図表1の例を参考に書き始めてください。最初は上記の例程度のシンプルなものでひと通り書いてみてから、その内容をどんどん充実させてください。

　この場合、「業績」が一番大事です。ここにオリジナルの業績、自分でなければできない業績をどこまで書けるのかを考えましょう。

　数年間同一ポストを務めた場合は、1年目、2年目、3年目と経験を重ねていくうちに、具体的に取り組む目標が深まっていったと思います。そこで、どのような目標に取組み、達成していったのかを詳細に書

図表1 キャリアの棚卸しの例

就任時期・期間	所属・役職	具体的な担当業務	担当者としての業績
平成20年4月〜24年3月	環境生活部リサイクル推進課 家庭ゴミ対策係長	家庭ゴミの回収、処理、縮減等に関すること	全国でも1世帯当たりのゴミの量が多い自治体であり、住民の意識改革に取り組むとともに、小売店のレジ袋の有料化に全国に先立って取り組んだ
平成24年4月〜27年9月	保健福祉部子育て支援課ひとり親支援係長	ひとり親世帯の子育て等への支援に関すること	ひとり親世帯の孤立を防ぐために、行政からの支援だけでなく、世帯間の横のネットワークづくりを行った
平成27年10月〜現在	保健福祉部地域保健課地域保健専門官	感染症、がん対策などの健康に関すること、保健所の維持運営	インフルエンザ対策、新型コロナウイルス対策では、地域での感染防止を行うべく、積極的な啓発、広報を行うとともに、感染状況の即時情報共有のため、システム改良にも取り組んだ

注) 内容は筆者の想定例であり実在のものではありません。

いていきます。

　ここでの業績は、具体的な担当業務とは異なります。担当業務は誰が就いても、いわば同じです。しかし、そこでの業績は、一人ひとり異なっているものでしょう。そこには、価値観も入ってきます。自分として、これは力を入れた、これは胸を張ってやったといえる事柄を書いていきます。形に残っているものも多くあるでしょう。業務改善の工夫なども、この業績に当てはまります。業務について、マニュアル化したり、分析して無駄を省く手法をあみ出したりといったことは、当時課内会議などに出した分析資料や提案ペーパーなど、形に残っているものとともにピックアップしておきます。

　これらをどんどん書いていくうちに、自分のキャリアが整理されていくことを実感していくでしょう。公務員はどのポストでも全力を尽くすことは当然ですが、やはり好きだった仕事では、書ける業績は多いで

しょうし、嫌だった仕事では、残念ながら全くといっていいほど書くことがなくて困るかもしれません。

　また、書いているうちに、「結構、業績があるではないか」と自惚れることもあるでしょう。他方、自他ともに認める業績を書けるポストは、それほど多くはないでしょう。現実には、自分が評価する業績をどこまで書けるかがポイントとなってくるものです。

　このキャリアの棚卸しの作業を行う上では、「当時の仕事、自分自身を思い起こして、ゆっくり考えながら」書いていくことが大事です。早く作業を進める必要はありません。当時の仕事のことを考えているうちに、気になることをあれこれ思い出してくることが大事なのです。ここで、頭のフィルターに様々なキャリアを巡る想いが通過していき、キャリアの棚卸しといえる行程が進んでいくのです。

⑵　Will、Can、Must の概念

　再就職など様々な場面でよく使われる概念として、「Will、Can、Must」があります。それぞれを円で表し、その重なりがあるところを再就職先として考えるというものです。有名な経営学者のピーター F. ドラッカーの考えから派生したものという説と、組織心理学者のエドガー H. シャインの考えから派生したものという説とがあります（田澤実「キャリアプランニングの視点 "Will, Can, Must" は何を根拠にしたものか」生涯学習とキャリアデザイン、2018-03、15（2）、33p〜38p）。

　　・Will：やりたいこと
　　・Can：できること
　　・Must：求められていること

図表2　Will、Can、Must

　再就職活動の際に、自分のやりたいこと、持っている能力、企業が求めるものの3つの円が重なるところに就職しましょう、という考え方です。再就職の時でなくても、現在の職場でもこの3つを考えながら、キャリア構築を進めていくことは大事です。

①Will：やりたいこと

　セカンドキャリアにおいて、何を求めたいのか、どんな職業人生を歩みたいのかが、あなたのWillになります。先程のキャリアの棚卸しで整理した中で、業績が多かったポストでの仕事などを考えてみましょう。

　自分の理想の職業生活を考えてみるのもよいでしょう。それらについて、特にそう考える理由・要因を分析していくとわかってくることも多いと思います。

　さらに、セカンドキャリアにおいては、職業生活の幅は現在よりも広く捉えて、狭い意味での仕事だけではなく、趣味、ボランティア、プライベートなことも含めて考えていきましょう。

②Can：できること

　仕事で身についた能力、スキルなどがCanになります。再就職を考

える上では、真っ先に気になることでしょう。キャリアの棚卸しで整理した、経験してきたキャリアの中での得意分野が入ってきます。能力・スキルについては、資格のようなものでなくて結構です。交渉力、調整力、企画力、統率力など仕事に必要な様々な能力・スキルが、キャリアを重ねていく中で自然と身に付いていることでしょう。それがここに入ります。

　例えば、部門横断的なプロジェクトチームが急遽作られ、1 か月で対策プランを練ったとき、チームの統括補佐として尽力したけれど統率力のなさを実感し、その後統率力をいかにして身に付け発揮するかを意識した、といった場合、その前後で統率力は確実に身に付いていることでしょう。なぜそういう能力が身に付いたのかをよく考えながらピックアップしていってください。

③Must：求められていること

　Must は、自分を分析するものではないので、この 3 つの中では難しいといえるでしょう。セカンドキャリアで（自分に対して）求められるものは何なのかということです。

　また、少し観点が異なりますが、再就職する上でのいわゆる制約要因（求める給与レベル、介護等の必要による就業時間制約、家族の反対など）も、もう一つの Must として考えておかなければならないかもしれません。

④ 3 つの円の重なり

　円の重なりでは、Will と Can だけだと、やりたいこととできることが満たされていて、一見よさそうにみえるのですが、それが具体的に社会に求められているのかという点で、夢物語にならないように、Must をしっかり考える必要があります。

　次に、Will と Must だけだと、やりたいことと求められていることはわかるが、必要な経験や能力が足りない、未経験だけれどもやってみたいというのがここに当てはまります。新卒ならいざ知らず、中高年の再就職では Can がある程度ないと苦しいでしょう。

　３つ目は、Can と Must だけだと、あたかも人事異動のようです。得意なことがやりたいことであればよいのですが、あまりやりたくないけれど身に付いている、という事は誰にでもあることでしょう。これをセカンドキャリアでも引きずるのは、本書の考え方から外れてしまいます。職業紹介の場面では、往々にして、この２つでマッチングされがちですが、特にセカンドキャリアの場合は、Will を大切にしていきましょう。

　いずれにしても、この３つの円の重なりが重要です。自分のやりたいこととできることがマッチしており、それが社会に求められていることだというのが、バランスが取れた職業生活となります。

　このバランスが崩れていると苦しくなってきます。しかし、その中でも Will を大切にしていると、例えば、趣味でやっていたことを続けていたらいつの間にか商売にできるようになった、という例などは、Will が Must を掘り起こした形ですし、未経験の仕事にチャレンジしてみることにより、Will が Must を掘り起こし（未経験者でも採用され）、Can も後からついてくる場合もあります。

⑶　スキル（職務能力）についての考え方（ポータブルスキル）

　Can のできることに記載するものとして、スキル（職務能力）として何を書ければよいのか、迷う人も多いでしょう。胸を張って書けるだけの資格めいたものがあるわけではないので困る、という人もいるでしょう。

　スキル（職務能力）の分類については、様々な分け方があり、また、採用、人材育成、評価など用途によっても分け方は異なります。しかも、対象は人が仕事をする能力ですから、似たような名称で、少し差異があるといったところが多く、これに拘泥しても、あまり実用的ではありません。

　ここでは、厚生労働省委託事業「平成26年度キャリアチェンジのための汎用的スキルの把握方法の検討及びキャリア・コンサルティング技法

開発等の実施」において、一般社団法人人材サービス産業協議会（JHR）が開発・実施し、一般に公開されている概念（厚生労働省ホームページ「ミドル層のキャリアチェンジにおける支援技法」中の「講義者用テキスト」）をもとに説明していきます。

　ポータブルスキルとは、「業種や職種が変わっても通用する、持ち出し可能な」汎用的なスキル（能力）のことを指します。

　ポータブルスキルは、「仕事のし方」と「人との関わり方」の2つの要素に分けることができます。

　「仕事のし方」は次の5つに分けられます（「講義者用テキスト」より）。

　1)　現状の把握：取り組むべき課題やテーマを設定するために行う情報収集やその分析のし方

　2)　課題の設定：事業、商品、組織、仕事の進め方などの取り組むべき課題の設定のし方

　3)　計画の立案：担当業務や課題を遂行するための具体的な計画の立て方

　4)　課題の遂行：スケジュール管理や各種調整、業務を進めるうえでの障害の排除や高いプレッシャーの乗り越え方

　5)　状況への対応：予期せぬ状況への対応や責任の取り方

　これは、それぞれ実際に仕事を進める上で必要なプロセスですから、当然すべての人がやっていることではありますが、その中でも、得意、不得意などを考えていくことになります。

　「人との関わり方」は、次の3つに分けられます（「講義者用テキスト」より）。

　1)　社内対応：経営層・上司・関係部署に対する納得感の高いコミュニケーションや支持の獲得のし方

　2)　社外対応：顧客・社外パートナー等に対する納得感の高いコミュニケーションや利害調整、合意形成のし方

　3)　部下マネジメント：メンバーの動機づけや育成、持ち味を活かし

た業務の割り当てのし方

　こちらも同様に、当然すべての人が仕事を進める上でやっていることではありますが、その中でも、得意、不得意などを考えていくことになります。

　ポータブルスキルは、スポーツでいうと、体力や運動神経に当たるものです。瞬発力や持久力など、どんなスポーツにも不可欠な能力といってよいでしょう。

　図表3では、ポータブルスキルの中に、例えば経理業務では簿記会計の知識、財務諸表の見方などがあてはまる専門知識、専門技能を入れていますが、この部分をテクニカルスキルと呼ぶ場合もあります。

図表3　ポータブルスキルの概要

ポータブルスキル＝業種や職種が変わっても通用する、持ち運び可能な能力

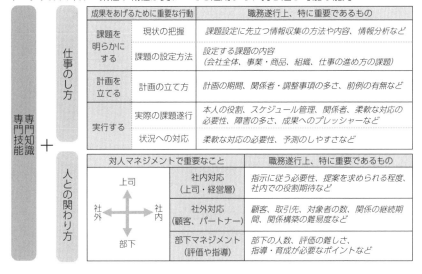

（出典：一般社団法人人材サービス産業協議会「ヒアリング・面談スキルを高めマッチングの可能性を拡げる"ポータブルスキル"活用研修講義者用テキスト」34頁）

⑷　キャリアの方向性（キャリア・アンカー）

　組織心理学者のエドガー H. シャインは、「キャリア・アンカー」という概念を提唱しています。これは、キャリアにおける方向性を示すものを指します。自分のキャリアを決定する際の指針のような自己のイメージであるとしています。シャインは、キャリアにおける方向性を、以下の 8 つのタイプに分けています（参考：エドガー H. シャイン著、金井壽宏訳『キャリア・アンカー―自分のほんとうの価値を発見しよう―』白桃書房、2003年）。

　1)　専門・職能別能力（Technical/Functional Competence）

　　自分の専門性や才能を発揮し、成果を出す専門家であることに満足します。職人肌とか、匠、プロといわれるタイプです。管理職となることについては魅力を感じないことが多いでしょう。

　2)　経営管理能力（General Managerial Competence）

　　マネジメント（経営管理）を行う責任ある地位へ昇進することに価値を見出します。経営者、社長を目指して組織の階段を上っていくタイプです。専門性に特化することなく、組織全体に求められる能力の伸長に関心があります。

　3)　自律・独立（Autonomy/Independence）

　　組織のやり方ではなく、自分のやり方、ペースで仕事ができることを大事にしています。自由や自律を重視しており、あまり組織人には向いておらず、自営業者や研究職などが合います。

　4)　保障・安定（Security/Stability）

　　安定していて、落ち着いて仕事ができる組織での仕事を重視します。いわゆる公務員タイプといわれるものです。

　5)　起業家的創造性（Entrepreneurial Creativity）

　　新商品の開発、新規サービスの開始など、新たな価値を生み出すことを重視するタイプです。起業家、発明家、芸術家などが当てはまります。新規創造に重点があり、その環境があれば、組織に所属してい

ても構いません。

6） 奉仕・社会貢献（Service/Dedication to a Cause）

　世の中をよくしたい、社会に貢献したいというタイプです。医療、介護、教育、宗教者などや NPO 法人を設立して社会貢献をしていくということが当てはまります

7） 純粋な挑戦（Pure Challenge）

　挑戦し続けることを大事にするタイプです。冒険家というような人が当てはまります。不可能を可能にすること、より困難な問題に直面する仕事を重視します。

8） 生活様式（Lifestyle）

　私生活を大事にするタイプです。ワーク・ライフ・バランス重視です。

　これら 8 つのタイプはいずれも典型例で、みなさんの中にも、それぞれのタイプの要素はあり、無理に 1 つのタイプに絞ろうと考える必要はありません。

　キャリアアンカーは、再就職の職場・雇用形態などを決める際に役立ちます。自分が就きたい仕事があると仮定して、その仕事をこの 8 つのタイプの人が従事した場合、所属する組織、雇用形態などが各タイプで変わってきます。

　また、セカンドキャリアも長期間ですから、介護や病気の治療をしながら仕事をする等、キャリア形成が困難な時期にぶつかった際など、自分のキャリアの進む方向性を持っておくことは、先の見通しをよくすることにつながります。

2　キャリアチェンジ（職種転換）の考え方

　民間企業等では、公務員と全く同じ仕事はないことから、民間企業等で再就職する際は、何らかのキャリアチェンジ（職種転換）が必要となってきます。その場合、主として、

- ●当該分野に知見があるか
- ●当該分野に応用が利くか
- ●仕事のスタイルが似ているか

などについて、考える必要があります。

　また、公務員としての過去の異動経験から、どの程度のキャリアチェンジに耐えられるかをイメージしてみることも大事です。

(1)　公務員のキャリアチェンジのパターン1　（ハローワーク職員の例）

　公務職場として、ハローワーク（職業安定所）の職員を例にとって、再就職先としてはどのような職種・業務が向いているかを考えていきましょう。

　まず、社会保険関係や労働関係法令の知識がありますし、採用に関して詳しいので、再就職先としては、民間企業の人事担当や職業紹介事業の企業などが考えられます。これは、みなさん誰もが思い浮かぶかと思います。

　次に、「仕事のスタイルが似ているか」とはどのようなことを考えればよいのでしょうか。

　職業安定所の職員の職業紹介と不動産業界の従業員の住宅紹介の業務の流れをみてみましょう。

【職業紹介の業務の流れ】　　　　【住宅紹介の業務の流れ】

●様々な職歴・事情の人が職探しに
訪れる。

▼

●その求職者から、求めている①職
種・業種、②年収、③その他の労
働条件、④職場の雰囲気等をうま
く聞き出す。

▼

●求職者の①職務経験・資格、②過
去の年収、③人柄等の情報をうま
く聞き出す。

▼

●聞き出した情報を基に、PCの中
の求人情報を検索しながら、希望
の条件等を求人情報に合うように
修正（希望年収の引き下げ等）さ
せながらマッチングしていく。

▼

●就職は、求職者にとっては大きな
転機であり、人生観や仕事観も踏
まえて、時間がかかる相談を実施
する必要がある。

●様々な事情の人が住宅を探しに訪
れる。

▼

●その客から求めている①物件の条
件（広さ・最寄り駅からの距離
等）、②家賃（不動産価格）、③通
勤・通学・地域の学校等の便、④
その他の条件（小さな子どもがい
て騒音などで下の階の住人が気に
なる等）をうまく聞き出す。

▼

●客の①身元（信頼できる人物か）、
②支払い能力（年収）等の情報を
うまく聞き出す。

▼

●聞き出した情報を基に、PCの中
の住宅情報を検索しながら、希望
の条件等を住宅情報に合うように
修正（駅からの距離を遠くても可
とさせる等）させながらマッチン
グしていく。

▼

●住宅は、今後の生活を送る大事な
場であり、人生観や生活観も踏ま
えて、時間がかかる相談を実施す
る必要がある。

　職業紹介と住宅紹介は、使う知識・情報は異なりますが、上記のよう
に、業務で求められている動きは同じです。労働市場や不動産市場の相
場を客にうまく伝えて、それを踏まえた選択をさせるのです。
　最初は、相場がよくわからず顧客の希望は高いが、話をしていくうち

に相場を踏まえた希望を顧客が考えるようになり、本人の希望等を見極め、それに合った職業・業務や不動産を、求人・不動産情報から探して、マッチング（需要側と供給側のニーズを調整し、組み合うようにしていくこと）させていくのです。

　最初は、職業紹介と住宅紹介の業務のどこに共通性があるのかと思われたと思います。しかし、職務を分析していくと、職業紹介と住宅紹介は、扱う知識・情報は異なりますが、求められる能力・着眼点は全く一緒といっても過言ではありません。

　では、職業紹介業から不動産業への転職は多いかというと、そういうデータは特にありません。共通性があると思っている人がほとんどいないから、そういう転職を選ぶ人がほとんどいなかった、というのが実情でしょう。

　また、職業安定所の公務員が、再就職先に不動産業界を選び、面接で、「不動産の業務経験はありませんが、職業紹介と求められる能力・着眼点は同じだから大丈夫です」などと言ったら、採用されることは難しいでしょう。あくまで未経験者なのですから、未経験者として面接を受け、業務経験として職業紹介の仕事をていねいに説明しているうちに、向こうから「今の話を聞いていると不動産の紹介と全く同じだね」などと相手が言ってくれるまで待ち、その共通性を自ら言及することは控えるべきでしょう。

　また、この業務の流れは、様々な営業・販売に応用可能となります。保険の販売などといった顧客の生活や将来設計に応じて商品を選択していかなければならないものは、対面でじっくりと時間をかけて相談していく必要があり、このようなマッチングのスキルが活きてきます。

⑵　公務員のキャリアチェンジのパターン２（労働基準監督官の例）

　最近の働き方改革で少し知られるようになった労働基準監督官ですが、労働Ｇメンなどと呼ばれることもあり、民間企業を廻り、労働基準法等労働関係法令の違反を摘発したり、是正させたりといった仕事をし

ています。

　労働基準監督官がキャリアチェンジを行うとしたら、どういう業種、職種が考えられるでしょうか。

　まず、知識面では、労働関係法令全般に詳しいので、民間企業の人事関係の業務が考えられます。また、労働災害が起こりやすく、労働安全衛生法等の遵守が厳しく求められる製造業・建設業等といった業界の労働安全衛生関係業務などは、即戦力ともいえるでしょう。

　次に、労働者から労働基準法違反が疑われる事例の相談を受け、当該企業を監督し、是正指導を行っているので、民間企業の内部通報の窓口やコンプライアンス担当、監査室の業務や苦情処理（社内または顧客対象）の業務などにも向いているでしょう。

　仕事のスタイルが似ている場合としては、民間の小売店、飲食店などのサービス業で、チェーン店、フランチャイズ店などを数多く有している企業での業務があてはまります。こういった企業は、一つの店の悪評がチェーン全体の評判に直結してくるので、その火種をいかに早くみつけ、火消しをするのかが重要となっています。各店舗で共通のサービスがどこまで実現できているのかのチェックや、問題点の多い店舗を早くみつけ、速やかに指導・是正させていく、これをどこまでていねいにできるのかが経営の鍵だといえるでしょう。

　こういった業務には、労働基準監督官の業務経験が役に立ちます。労働基準監督官は、各企業を労働者からの通報などを契機に臨時に回り、労働基準法等労働関係法令違反をみつけ、是正指導をしていきます。傘下の店舗を、事前連絡なしに本部の担当者が不意に訪れて、商品のレイアウトから接客、料理の味など、様々な角度から店舗の状況を監督し、問題点をみつけ是正していくことは、労働基準監督で行っていることとまさしく同じパターンの動きです。

　現代のサービス業で要となっている大事な業務が、労働基準監督官には向いているといえるのです。

⑶　公務員のキャリアチェンジのパターン3（相談支援業務・傾聴力）

　地方公務員の場合、住民サービスを直接行う部署が多くあります。住民の話を直接聞き、そのニーズを掴み、様々な行政サービスからニーズにあったものを選び出し、提供する。生活保護の担当者などはその典型といえましょう。

　特徴的なのは、様々な住民を相手に話をしているということです。最初は何を言いたいのかがつかみづらい、話の要領を得ないといったこともある中、辛抱強く話を聞いて、内容の交通整理をして、相手のニーズを掴み取る「傾聴力」を駆使しています。

　この「傾聴力」は、これからの高齢化の時代や顧客に外国人も含む多様性の時代には、非常に重要な武器になります。

　介護業界をはじめ高齢者への様々なサービスを提供する業界、金融業界をはじめ高齢者のニーズをうまくつかみ取りたい業界など、顧客と十分な意思疎通をして商品やサービスを提供しなければならない業界はいくつもあり、今後ますます増えていくでしょう。

　従来、民間企業では、高齢者などていねいで時間をかけて説明する必要がある顧客への対応は後回しにされがちでした。それは、民間企業の不得意な対応が求められているからです。いわゆる若者向けの商品やサービスと比較すると、高齢者向けの商品やサービスの提供が、高齢者が増えた今日でも十分であるとは必ずしもいえない状況です。

　公務員の「傾聴力」を活用すると、民間企業でのお客様サービスやお客様相談の業務、訪問販売の業務、住宅の改修・改築の相談業務など、個人相手の様々な業務に対応できます。

⑷　キャリアチェンジの考え方の注意点（官民の違い）

　キャリアチェンジについては、知識・技能の点で、直接的に使えそうな業務経験がある場合こそ、慎重になってください。

　例えば、公務では、経理・会計は人事的な表現でいう「畑（その業務

にリピーターで何度もつく人たち）」の業務で、昇進にも有利などといわれています。民間企業でも経理畑はあり、経理一筋何十年という場合もあります。一部上場の大企業の経理部は、経理マンとしての指導・業務経験が豊富にあるので、関連の中小企業の経理部門への人財供給源となっている例もあります。

　民間企業の経理部門では、利益目標と予決算があります。自治体の決算とは違い、数字が合っているか否かに加えて、利益を適切に出しているのかという決算見込みなどの作業が多くあります。

　そして、そもそも民間企業は複式簿記・発生主義会計です。筆者も民間企業にいたときには振替伝票など頻繁に扱っておりました。これに対して、公務では単式簿記・現金主義会計であることはご存じのとおりです。また、民間企業の経理の場合は、キャッシュフローや手元資金のことが常に頭にあり、融資を受けられるか受けられないかが重要です。

　さらに、民間企業の経理担当者は当該企業の事業について熟知しています。企業活動は常に資金がないとできません。何をするにしてもお金の裏付けは必要です。例えば、A企業をターゲットに営業攻勢をかけている、頻繁に欧州に出張しているのは海外拠点の新設を検討しているからだ、など資金を使う目的についてよくわかった上で、支出を承認しているのです。

　中小・零細企業が新技術や新商品の開発に取り組んでいる姿をテーマにしているテレビドラマなどでは、経理部門の管理職が、社運をかけた事業への進出に、社長の右腕としてともに苦労してやっていき、時には社長を諫め、時には無謀な融資獲得にチャレンジする、といった姿が描かれます。これは、経理部門が経営の極めて中枢にいて、企業の血液ともいえる資金の流れを管理しているからです。

　自治体の経理・会計担当部門はどうでしょう。本来は、各事業の内容や次年度の事業用資金の予算獲得など、各事業担当部署の状況や事業の構想などについて日常的に詳しく知り、予算獲得や予算で足りない資金の調達を一緒に考えることが求められており、民間企業の経理担当部門

と同じように業務を進めていかなければならないのですが、実際には必ずしもそのように実行されていないこともあるのではないでしょうか。

　人事部門も同様のことがいえます。民間企業の人事部門は、制度設計も行うし、一度作った制度の運用改善にも熱心に取り組んでいます。他方、公務の職場では、人事というと、異動の線引きや組織・定員を考えてしまいがちです。

　事務職では、人事畑、経理畑の方は、専門性があるとして、再就職の際も同じ仕事で転職することが多いですが、自治体と民間企業では、同じ畑であっても、少し毛色が違う部分があることに注意してください。

①異動≒キャリアチェンジ

　総務省の委託調査では、民間企業の人事異動は、東証一部上場企業が調査対象ですが、自治体の人事異動の平均間隔の4年に比べて、約1年長い5年となっています。

図表4　官民の人事異動平均間隔

	民間企業	本府省	管区機関等	地方自治体
平均値	4年10.5か月	2年4.8か月	2年7.8か月	3年9.8か月

(出典：城戸亮「「中間管理職・人事部門の機能・役割等に関する調査」結果について」季刊行政管理研究、2011.12.、No.136、94p、図9、一部抜すい)

　このように、自治体では異動の間隔が短く異動経験が豊富なので、再就職の際に、未経験者といえども応募先の職種・業務に過去の異動経験業務のうちから関連があるものを選んでアピールすることは可能となってきます。今までの経歴を最大限に利用しながら、セカンドキャリアとの結びつきを常に考え、自分の希望する様々な職種・業務にチャレンジしてみましょう。そうすれば、民間企業に比べて比較的頻繁な異動も、キャリアチェンジの訓練、「売り」となってきます。

　実際に、部局を越えた異動や出向の経験などはキャリアチェンジの疑似体験となりますので、キャリアチェンジのイメージや経験（耐性）はすでに持っているといえるでしょう。

筆者の経歴を例にとると、次のようになります。

- 国家公務員の労使関係制度、争訟問題担当（労使関係制度の運用や労働関係問題への対応）

⇓

- 国際統計担当（国連、OECD 等の国際機関の統計報告・会議関係の対応）

⇓

- 独立行政法人改革担当（独立行政法人の統合案のとりまとめ、法人の剰余金等の精査）

⇓

- 国家公務員の再就職支援担当（国家公務員の早期退職募集制度による退職者に対する再就職支援サービスの提供等）

このように、まさに畑違いの分野への転職ともいえるだけの業務を経験しました。これは組織内キャリアチェンジともいえるでしょう。

自治体の職場では所掌範囲が広いことから、特に若手時代は幅広く様々な分野について異動の機会があることでしょう。上記の筆者の例のような、全く違う分野への異動の経験が多くある場合もあるでしょう。これは民間企業にはあまりないことです。この経験により、新しい職場での柔軟な適応能力がしっかり身に付いていますから、その点は自信を持っていただきたいですし、未知の分野へのセカンドキャリアの挑戦も、イメージしやすいのではないでしょうか。

②異動と転職のキャリアチェンジの違い

公務の職場における異動では、異動先の職場での短期のパフォーマンスのみを評価されるわけではなく、異動前までの職場での実績を踏まえて、長期的な視点で職場での貢献が求められています。

それに対して、民間企業等への転職では、まずは転職後の職場での短期のパフォーマンスのみで判断されるでしょう。ただし、当該職種が未

経験であるにもかかわらず採用された場合などは、少し長期的な視点も加味しながら評価してもらえるということもあります。

　もちろん、職場に不慣れな時期でも、仕事への取組み姿勢は厳しく問われることには注意してください。こうした点は新入社員以上に厳しく評価されます。

　なお、我が国では、仕事は職場で教えていくという日本的雇用慣行があります。日本では会社が労働者に教育・指導を十分行っても仕事がうまくできない場合には、配置転換を行い、労働者の雇用維持を行う必要があるという考え方で、裁判所は普通解雇について厳しい判断基準をとっています（典型例として高知放送事件最二小判昭52.1.31）。それゆえ、中途採用といえども入社直後の短期のパフォーマンスの低さだけで、判例上直ちに解雇が認められるわけではありません（PwCフィナンシャル・アドバイザー・サービス事件東京地判平15.9.25等）。容易に解雇をしない傾向は、中途採用であっても同じなのです。そのため、企業側は人員採用を慎重に行うということにつながってもいるのです。

　もっとも、ゴールドマン・サックス・ジャパン・リミテッド事件（東京地判平10.12.25）では、年収800万円という高給与が実質的に考慮され、解雇が認められているなどの事案もあります。即戦力中途採用者が、採用の際前提とし期待した能力・資質を有しておらず、求めた人材スペックから大きく外れていた場合には、以前に比べて裁判所も解雇を有効と判断する場合が増えてきましたので、注意してください（参考：菅野和夫『労働法〔第12版〕』弘文堂、2019年、788頁）。

3 職歴・経歴の見方、キャリアの軸

(1) 職歴・経歴の見方

　キャリアを考えたり、求職活動でアピールしたりするときには、自分のキャリアをわかりやすく説明できるように準備しておくことが必要です。

　筆者のある時点での経歴を例にとると、次のようになります。

- ●職業安定局（職業紹介、労働者派遣等の部局）　　1年
- ●職業能力開発局（人材育成の部局）　　　　　　　2年
- ●政策調査部（労働政策全般に関する企画部局）　　1年
- ●国際関係　　　　　　　　　　　　　　　　　　　7年
- ●社会保険関係（年金担当部局）　　　　　　　　　2年
- ●地方支分部局　　　　　　　　　　　　　　　　　4年

　17年間の経歴のうち、国際関係が7年もあり、国際畑とみなされておりました。しかし、海外駐在経験がほとんどなく、国際業務での上位ポストは長期海外駐在経験者ばかりが就いていたことから、今後のキャリアを考える上では行き詰まっていたというのが、当時の正直な気持ちでした。

　その後、総務省人事・恩給局（現在の内閣人事局）に出向となり、公務員人事制度を5年間担当しました。その際に考えたことは、「労働行政（民間企業対象）＋人事行政（国家公務員対象）」の経験は、官民に通じた人事専門のキャリアとして、セカンドキャリアの柱にしていけるのではないかということでした。

(2) キャリアの軸

　この筆者の例では、労働行政でのキャリアだけをみていたら思い浮かばなかった発想ですが、そこに数年間の公務員人事制度担当という経歴

が付加されるだけで、「官民を通じた人事の専門」という「キャリアの軸」がみえてきたのです。これが現在の大学の職場での専門分野にも結びついているところです。

　セカンドキャリアを検討していく上で必要な自己分析には様々な方法があり、精緻な手法で分析するツールもあります。これらの分析ツールは、新卒、転職時などの場面を念頭に、精緻に、様々な場合分け・区分けをすることになっています。しかし、それ自体が目的化している傾向も見受けられ、現実に分析結果をどう活かせるのかがわかりづらい場合もあります。

　筆者が考える「キャリアの軸」とは、セカンドキャリアを考える上で、第1のキャリアの活かし方、過去と将来のキャリアを結ぶ線を、端的に一つのわかりやすい言葉でいうとどうなるかを考えるものです。数学でいうと、補助線1本引くようなもので、それで全く見方が変わり、キャリアの見通しが変わってくるものです。セカンドキャリアを考える上でのまさに軸となるので、具体的なセカンドキャリアに向けた布石となり、行動が立てやすくなってきます。

　地方公務員の皆さんは、専門職種採用の方は別ですが、事務官として採用された多くの方々は、特にキャリアの初期の段階では、異動は幅広く、専門分野がないという状況になります。

　そこで困るのは、第1の職業生活でのキャリアの組立てができないということです。人事異動の希望調書に、異動希望先は思い付きで書けても、なぜそこを希望するのかをキャリア形成の点から思うように説明できないことになり、人事部局に対して説得力がないものになるのです。

　セカンドキャリアの準備をする上でも、キャリアをどのような基本軸で考えていくかが定まっていないと、進みようがないところがあります。

　再就職先に応募する際にも、応募書類や面接で、何を基軸としてアピールしていくかが定まっておらず、総花的に様々な実績をアピールしてしまい、どっちつかずになるということもあります。

　こういった場面では、Will、Can、Must の考え方やキャリア・アンカーなどで考えたり、説明したりしようとしても、聞いている方はわかりにくいのです。「要するに何をしたいのか」に対して、端的に答えられないといけないのですが、それに対応したものとして、「キャリアの軸」があるのです。

　例えば、教育委員会にも配属になったし、高齢者支援の部局にもいた、公営住宅での仕事もした。学校の業務で子ども達に接して、高齢者支援では高齢者に接した経験があるとします。そこで、公営住宅の仕事では、住宅内の子ども達と高齢者の単身世帯の交流を進めて、孤独死をなくす運動を推進したり、住宅内のイベントの活性化を担当したりした、ということであれば、「世代間交流」をキャリアの軸におき、一見かけ離れたようにみえる３つの部局の業務経験をこの軸でまとめることができるのです。自分の経歴をみていくうちに、また、他の様々な分野の方の経歴や「売り」をみていくうちに、新しい視点で自分のキャリアの軸をみつけることができるのではないでしょうか。

　自分のキャリアの軸を一言でいうことができれば、現在の職場でのキャリア形成もセカンドキャリアも、組立てが非常に楽になってきます。

第 3 章

中高年の再就職市場
と地方公務員の強み

1 **再就職市場の特徴と再就職活動の基礎知識**

　第2の職業生活（セカンドキャリア）の再就職を考える上で、まずは高齢期の雇用状況等をみてみましょう。

　令和元年の就業率については、60歳〜64歳は70.3％、65歳〜69歳は48.4％、70歳〜74歳は32.2％、75歳以上は10.3％となっており、年々上昇の傾向にあります（「労働力調査（基本集計）」総務省、2019年）。

　60歳以降の希望する就業形態としては、フルタイム社員24.2％、パートタイム社員53.9％、自営業・フリーランス15.9％などとなっています（内閣府「平成25年度高齢期に向けた「備え」に関する意識調査」平成26年3月、33頁）。

　次に、高齢期の雇用労働者の中途採用を調査した「高年齢者の雇用に関する調査（企業調査）」（独立行政法人労働政策研究・研修機構、2020年3月）から企業側の状況をみてみましょう。これは、最近のこの分野の詳細な調査です。引用のうえ紹介します（常用労働者50人以上を雇用している農林、漁業、鉱業、複合サービス業、公務は除く企業20,000社を対象に郵送調査で有効回収数5,891社、有効回収率29.5％）。

　55歳以上の中途採用者（非正社員も含む）の有無を、業種別、従業員規模別にみると、回答企業のうち、中途採用の実績があるのは70.9％です。特に実績のある企業の割合が高い業種は、医療・福祉（87.5％）と運輸業（81.6％）、飲食業・福祉業（81.3％）です。

①中途採用者の採用経路

　中途採用者の採用経路は、全年齢階層において、採用実績がある企業の50.3％が「ハローワーク」、26.3％が「求人誌・新聞・広告」です。「非正規のみ」の採用経路は求人誌等やインターネットの割合が比較的高く、年齢層別でみた際に特徴的なのは、65歳以上では「縁故」による採用が3割弱を占めている点があげられます。

②中途採用者の労働条件

　最も中途採用人数が多い雇用形態を尋ねたところ、55〜59歳では正社員が最も多いケースが51.5％であり、パート・アルバイトとして採用するケースが23.6％となっています。60歳以上ではパート・アルバイトとして採用するケースが最も多く、60代前半の36.4％、65歳以上の52.9％がパート等として採用しています。

　また、賃金については、中途採用された正社員の平均月給は、50代後半が38.4万円、60代前半が42.0万円、65歳以上が30.5万円です。60代前半の中途採用者の平均月給の方が50代後半よりも高い点は、60歳を超えた後も正社員として中途採用される人材には、その技能等に見合った高い賃金が支払われているからと考えられます（ただし、60代前半における高年齢者の賃金格差が大きいことに注意）。

③予定雇用年齢

　2018年度に高年齢者を中途採用した実績がある企業に対し、何歳まで雇用する予定かを尋ねたところ、55〜59歳の人を中途採用したケースで最も多いのは65歳（34.4％）ですが、70歳あるいは71歳以上と回答した企業も４割弱を占めています。60代前半で中途採用したケースでは、70歳以上が50.7％を占め、65歳までと考えている企業は25.5％です。65歳以上で採用したケースでは、無回答を除くと大多数の企業が70歳以上までの雇用を見込んでいます。

④仕事ぶりに対する評価と採用時に重視する点

　中途採用した高年齢者の仕事ぶりについては、各年齢階層とも最も評価されているのは、「勤務態度や仕事ぶりが真面目である」が55％前後と高くなっています。同様に「労働意欲が高い」点も中途採用者の年齢層に関わらず３分の１の企業が評価しています。

　採用時に重視する事項について、50代後半で採用する場合、「知識・技能」（70.1％）と「性格・人柄」（69.9％）を重視していますが、採用者の年齢が上がるにつれて、その割合は低下しています。この２項目と並んで重視しているのが「本人の健康」であり、およそ半数の企業がこ

の点を重視しています。

(1)　地方公務員の再就職の状況

　地方公務員の再就職の状況ですが、平成29年度定年退職者68,541人中、再任用32,962人（48.1%）、臨時・非常勤等6,156人（9.0%）と6割弱の人が当該自治体で引き続き勤務しています。

　非営利法人4,172人（6.1%）、営利法人2,729人（4.0%）、自営業112人（0.2%）となっており、残念ながら、まだまだ民間企業等でセカンドキャリアというような状況は主流ではないといえましょう（総務省「平成30年度地方公務員の退職状況等調査」16頁）。

　なお、国家公務員の再就職の状況は、平成28年度の一般職国家公務員（行政機関及び行政執行法人）の60歳定年退職者のうち3,792人を対象とした「平成29年度退職公務員生活状況調査」（人事院）によると、就労先は、「国の機関（行政執行法人を含む。）のフルタイム・短時間勤務再任用職員」が80.8%となっており、「民間企業」は6.9%です。「国の機関（行政執行法人を含む。）の非常勤職員等」は1.2%、「公益社団法人、公益財団法人」は2.5%、「一般社団法人、一般財団法人」は3.9%、「自営業（農業含む）」は1.5%となっています。

(2)　応募書類の重要性

　現在の中高年齢層の再就職活動は、新卒の就職活動と並んで、あるいはそれ以上に、本格的な活動が必要となっています。

　現在の新卒就職のようにエントリーシートはないものの、履歴書だけでなく、職務経歴書、自己PR文をセットにして、送付状を付けたものが再就職の応募書類となります。

　自治体でも非常勤職員の公募をしている部署では、応募書類は履歴書のみと記載しているのに、中高年の応募者からは、上記3点セットで応募されることが多いので、それらをみたことがある人も多いと思います。

　履歴書は応募先によってそれほど変える必要はないですが、職務経歴書や自己 PR 文は、応募先によって重点を置くところが異なってきますし、表現なども変えていく必要があります。

　特に職務経歴書は、時系列で入職時から現在に至るまでで書くのか、逆時系列で現在から遡って書くのかという形式以外にも、応募先が関心を示すような職歴を中心に書く工夫をしていく必要があります。

　中高年齢層の再就職は、新卒の就職活動と同様に、多くの応募をしなければならない時代となっています。年齢の数だけ応募をという職業紹介事業者もいます。応募者数が多いと面接に進むことができる人は相当絞られますが、そこを突破しないと、面接、採用にこぎ着けません。

　同じような経歴でも、応募書類にすると、出来不出来が生じます。ハローワークなどの職業紹介機関の講座などで、実践的なノウハウを提供してくれたり、時には指導・添削までしてくれますので、これらを活用することをお勧めします。

　また、指導を受けなくても、応募書類はいろいろと工夫して書いていくうちにうまく書けるようになっていきます（手を抜いて同じ書類のままとせずに、毎回応募先を研究して、少しでも工夫して書くということを続けることが前提です）。

　応募先の企業の研究といっても、昔の新卒時の就職活動のように、求人広告事業者、職業紹介事業者が大部の企業情報を送ってくれるわけではありませんし、OB・OG 訪問をして志望企業の様子を知ることもできません。他方、インターネットの活用により、企業の情報は飛躍的に入手しやすくなりましたので、ホームページなどは詳細にみておく必要があります。

　応募書類については、再就職の際、誰もが悩むものです。特に、書類段階で落とされることが続くと、どこが悪かったのかを知る術がないだけに、落ち込んでしまいます（これも誰もが通る道です）。

　応募企業についてよく研究し、求人票等の微妙な記載からどのような人物を求めているのかを把握し、それに対応し自分を売り込む点を意識

しながら、応募書類を作成することです。

　みなさんは、他の応募者よりも有利な点が多くあります。転職歴が多い方や無職期間が長い方などは、そこをどうリカバリーするかを常に意識しなければならないですが、長期間自治体に勤務していたみなさんは、そこを意識する必要はありません。また、勤務していたのは誰もが知っている「有名な職場」です。経歴では一歩リードくらいに思っておいてもよいでしょう。

　なお、応募の際に、求人票で応募条件を明記している場合が多くあります。典型的な例としては、その業務の経験者であることを必要としている場合や「経験年数〇年以上に限る」などがあげられます。そのような場合、応募条件を満たしていなくても、諦めないでください。人事担当者がそこだけをみて不採用とする場合も多いですが、中には興味をもって応募書類を読んでもらえて、面接に進むことができる場合もあります。求職者によっては、採用担当者から応募条件だけをみて落とされるのを避けるために、あえて社長宛に親展で応募書類を送る猛者までおり、これが時に幸いすることもあるのです。

　特にその職種の求人が少なく、ご自身の希望が強い場合などは、応募条件に当てはまらずとも応募してみる価値はあります。

⑶　各種職業紹介等サービスの特徴

　現在様々な職業紹介等サービス事業があり、再就職に際してはどのようにこれらの事業者を活用していけばよいのか、わかりにくいのではないでしょうか。以下、職業紹介関係等の主な事業（者）等について、説明していきます。

ア　ハローワーク（公共職業安定所）

　公務員であっても無料で利用できます。都市部以外であれば、求人情報を最も多く持っている職業紹介機関です。最近は、求職活動に関する説明会・講座を開催していることもあります。

イ　人材紹介会社（有料職業紹介事業者）

　人材紹介会社（有料職業紹介事業者）については、三つのタイプに分かれています。

　一つ目は、登録型といって、最も一般的な職業紹介を行うタイプです。就職を希望する者（求職者）に、職歴、資格、希望する業種・職種・労働条件などを聞いて、それらに見合った求人情報を探し、合致する求人先を紹介します。求職者は、その求人先に応募書類を送付し、採用面接を受けて、採用選考が進んでいきます。

　二つ目は、サーチ型といって、求人企業からの依頼を受けて、最適な人材を探し出し当該求人に応募させ、入社させると採用者の年収の３割といった額を成功報酬として求人先からもらう職業紹介事業者です。ヘッドハンティング、スカウト、エグゼクティブサーチともいわれており、経営層や管理層クラス、業界や分野に特化したスペシャリストの採用を得意としています。

　個々の求職者に対して担当するコンサルタントは決まっており、応募に当たっての書類作成の指導や面接の指導なども行ってくれる場合もあります。

　しかしながら、求人側から高額の報酬をもらっていることもあり、求人側に不利になることについてはあまり教えてくれないなど、求職者にとっては、注意しなければならない点もあります。

　三つ目は、再就職支援（アウトプレースメント）型です。事業規模の縮小などで人員整理を進める企業などからの依頼に基づいて、希望退職に応じた従業員や早期退職優遇制度による退職者を対象に、再就職のための指導、カウンセリング、職業紹介も行う職業紹介事業者です。求職者の所属・出身企業から利用料金をもらって運営しているため、登録型やサーチ型と異なり、求職者の側に立って就職支援を行ってくれるという点が特徴です。また、職業紹介だけでなく、再就職に当たっての自己分析や労働市場の説明、応募書類の書き方、面接での対応の仕方、内定した企業との給与交渉のアドバイスまで、様々な支

援を担当コンサルタントがていねいに行ってくれます。

　残念ながら、このタイプの事業者は、利用者の所属・出身企業からしか利用申し込みを受け付けていません。国の早期退職募集制度に応じて退職する職員は、希望すれば内閣府の官民人材交流センターで契約している同事業を利用できますが、自治体では、そういった契約をしているところはまだないと思います。

ウ　自治体による無料職業紹介事業（東京しごとセンター等）

　都道府県、政令指定都市などの自治体では、民間事業者と契約して住民を対象とした職業紹介事業を行っているところがあります。その中には、再就職支援会社と同様のメニュー（応募書類の書き方や求人先の探し方など）を無料で提供しているところもあります。

　東京都は、都民の雇用や就業を支援するために「東京しごとセンター」を設置しており、就業相談（キャリアカウンセリング）、就職活動や就職後に役立つ知識・スキルを習得するための各種セミナーや能力開発、求人情報の提供・職業紹介など、就職に関する一貫したサービスを提供しています。総合相談窓口では、起業・創業、NPO、自営型テレワーク等の多様な働き方や、職業適性、社会保険・年金等についての「専門相談」も実施しています。都内在住に限らず、都内で仕事を探していれば、都民以外でも利用できます（東京しごとセンターホームページより）。

　東京しごとセンター以外にも、名古屋市が行っている「なごやジョブサポートセンター」などがあります。みなさんの地元の自治体の無料職業紹介事業があれば活用を考えてみる価値はあります。

エ　募集情報等提供事業

　募集情報等提供事業とは、求人サイトや求人情報誌のように、募集主（求人側）から依頼を受け募集に関する情報を求職者に提供すること、求職者から依頼を受け、求職者に関する情報を募集主に提供すること、のいずれか、または両方を事業として行うことをいいます。

　職業紹介は行わず、単に求人情報または求職者情報を提供するのみ

ですが、インターネットによる求人情報・求職者情報提供事業者の
ホームページ上で求人情報または求職者情報を閲覧可能にするだけで
なく、求職者と求人者との間の双方向的なやり取りが便利となるよう
中継したり、求職条件または求人条件に適合する求人情報または求職
者情報を自動的に送信する仕組みを構築したりするなど、従来の求人
広告事業者とは大きく異なるものが出てきています。

　このような情報提供事業は、従来は、多人数の採用が必要なアルバ
イトやパートといった、面接で実質的な選考をあまりやらなくても問
題のない仕事や、人手不足で資格さえあれば画一的に務まる仕事の求
人を主として対象とするものでしたが、最近はこのようなサービス内
容の進化に伴い、経営陣など高度な能力や高い専門性を必要とする人
材の募集などにも使われてきています。

オ　就職フェア

　ハローワークといった公的機関や新聞社、職業紹介事業者、求人広
告事業者が主催して、企業の採用担当者がブースを構えて、会社説明
から、時には第一段階の面接まで行うこともある集団説明会です。多
くの企業の採用担当者から話が聞けて、書類審査を経ずして第一段階
の面接まで行うこともあるので、書類審査に苦戦している求職者に
とっては、利用価値があるものです。

⑷　**多様な就業形態**

　正規雇用のみなさんは、自治体におけるいわゆる「正社員」といえま
すが、セカンドキャリアにおいては、正社員以外にも様々な就業形態が
選択肢として考えられます。

ア　契約社員

　契約社員とは、1年、2年といった雇用期間の定めがある契約（有
期雇用契約）の社員です。契約社員は雇用期間が終了すると、企業と
労働者の間で更新の合意がない限り労働契約が終了します。

　正社員と違って通常昇進のない契約社員は、原則として役職がつい

て部下をまとめるような立場になることはありませんが、正社員が少なく契約社員やアルバイトなどが多い職場では、責任者の役割を求められる場合もあります。

　給与等では、正社員と比べると、賞与で差があったり、給与も低かったりしますが、パート・アルバイト社員よりは高いといえます。

イ　パート・アルバイト

　フルタイムの就業ではなく、週3日勤務や1日5時間勤務というように、正社員より短い一定の日数や時間で働く形態です。雇用期間にも定めがあります。労働時間数により、職場の社会保険に加入するか否かが変わってきます。

ウ　派遣労働

　派遣労働には登録型と常用型があり、数としては前者が多くを占めています。

　登録型は、あらかじめ派遣元企業に登録しておいて、派遣の仕事が具体的に決まった際に派遣元企業に雇用されて、派遣先企業で派遣期間だけ労務を提供します。現在、中高年労働者の派遣は数多くあります。

　常用型は、派遣元企業にすでに雇われており、派遣元企業からの指示で派遣先に赴きそこで働くこととなります。常用型は専門的な知識や経験が必要な技術系やIT系の職種が多いです。

エ　業務委託・請負

　保険の外交員、証券外務員、請負SE、自動車保険の事故調査員などに多くみられます。元々は正社員で働いていた人が、定年などにより、仕事内容は変わらないけれど請負契約に変更して続けているということもよくあります。外形的には契約企業の雇用労働者との区別がつきにくく、名刺も詳細に確認しないと違いがわかりづらいのですが、法的には独立した個人事業者（自営業）と同じ立場となります。

オ　自営業

　高齢期になると、就労目的が自己実現、社会への貢献などが中心に

なることが多く、また、労働時間についても柔軟さを求めるようになることから、自営業は最適な就労形態といえるでしょう（参考：高橋晋「自営型高齢期就業の可能性を求めて―専門的職業における高齢期開業者の特徴分析―」Works Review、Vol. 1（2006）、110-123、リクルートワークス研究所）。

　起業家全体に占める60歳以上の起業家の割合は、1979年以降男女共に増加傾向にあり、2012年の60歳以上の起業家割合は、男性が35.0％、女性が20.3％となっています（中小企業庁「中小企業白書」2017年）。

　また、55歳以上のシニア起業家が開業時に準備した自己資金額は250万円未満が41.9％となっています（日本政策金融公庫総合研究所「シニア起業家の開業〜2012年度「新規開業実態調査」から〜」2012年12月25日）。

　以前は、定年後に保養地でペンションを始める、飲食店を開業する、といったように、退職金を活用して、店舗を構えて商売を始めるなどといったイメージがありましたが、近年は、社会保険労務士や行政書士などの資格を取り、自宅兼事務所にして仕事を始めたり、店舗を構えずインターネットを使い趣味的に創っていた作品を販売したりする、といった元手の資金があまりかからない自営業の方が目につくようになってきています。さらに昨今は副業として自営業を始める人も出てきています。

　日本政策金融公庫総合研究所の調査では、収入の多い少ないにこだわらず「自分の好きなことを自分でやること」を重視する開業者を「ゆるやかな起業家」と呼び、同調査では年代別では60歳代が29.1％と最も多くなっています（日本政策金融公庫総合研究所「ゆるやかな起業の実態と課題〜「起業と起業意識に関する調査（特別調査）」結果から〜」2019年2月4日）。

　55歳以上を対象としたシニア起業家支援資金（日本政策金融公庫）、40歳以上を対象とした生涯現役起業支援助成金（厚生労働省）、創業

支援等事業者補助金（中小企業庁）など、中高年齢層の起業を後押しする公的な助成措置がいろいろとありますし、自治体でも各種支援策を独自に行っているところがあります。

⑸　中高年の再就職は個別性が強いのが特徴

中高年齢層の再就職は、新卒時の就職と異なり、人脈、運等も含めて個別性が非常に強いものです。自分に参考となるモデルがなかなかみつからないということもあります。筆者が再就職のセミナーで講演していても、公務員の出席者は、例えば民間企業出身者の転職事例の話だと、公務員ではないので参考にならないとして、耳を傾けなかったりします。しかし、個別性が高い再就職だからこそ、様々な事例から、自分にとって参考になることを少しでも掴み取るようにしていただきたいと思います。

第2章（34頁）で説明したWill、Can、Mustの概念でいいますと、30頁で取り上げた40代半ばで専業主婦から教師になったAさん、50代半ばで経理畑からウェディング・コンサルタントになったBさんは、Will：やりたいこと、での再就職です。第4章事例4（96頁）の公務内キャリアチェンジを活かしたHさんは、Must：求められていること、を活かした再就職です。中高年齢層では、Can：できること、で再就職するイメージが大きかったと思いますが、これらの例も多くあります。

もちろん、Canの例でいいますと、公務員だと民間企業にはない職務上の特色があり、許認可や業者指導の業務経験などがあれば、再就職に有利に働くこともあります。ここ10年弱くらい、公務員の土木・建設部局での業務経験者の建設会社への再就職が好調だったと聞いています。東京オリンピックに向けて最後の公共事業好調期になると見越して、一時的に多くの人を採用したい企業側は、即戦力に的を絞ったようです。オリンピック後は低迷期に入ることは確実だろうとみていたので（当時はもちろん開催延期になることは想定外でした）、長期間雇用する若手は難しいと判断し、即戦力かつ比較的短期間の雇用ですむ中高年齢

層の人材を多く雇ったのです。

　Can の例で注意していただきたいことですが、転職しやすいと思われている業務経験・能力をもっている場合でも、たやすく再就職できるわけではないということです。

　Ｃさんは、役所にいるときに薬関係の部局の経歴が長く、それを活かして、50代になって早期退職募集制度に応募し、製薬企業に再就職しました。後日、私の知り合いの製薬企業の人事部長にＣさんの話をすると、そんな人だったらいつでも採用するから、といわれるほどの経歴です。しかし、Ｃさんの再就職も時間がかかりました。考えていたのは幹部候補の管理職ポストで、その時点で空席ポストがあればよいのですが、ない場合は企業は余分な人間を抱えることになります。潜在的には欲しい人材でも現時点で欠員がない以上、社内の稟議に時間がかかり、採用したくてもなかなかできないのです。

　また、中高年齢層の再就職経験を聞くと、人脈、運等が必ずあります。これを否定してはいけません。中高年齢層の再就職はそれらを含めて総合力で勝負しなければならないのです。そういう意味では、言い訳がきかない世界であるともいえます。

　再就職にはそれなりの苦労・ドラマがあります。端からみて幸運と思える再就職事例をみると、あまり苦労のない転職だと思える場合もあるかもしれませんが、実際はそうみえるだけで、そこに至るまでに様々な布石を本人は打っているものです。自分のセカンドキャリアのストーリーは自らが創ると言い聞かせて、自分の置かれている状況や過去の経歴のマイナス面ばかりに目を向けずに、プラス面もしっかりみて考えていってください。

⑹　人脈は運ではなく実力

　中高年齢層の再就職では、「知人の紹介」による就職が大変重要です。年齢を重ねていくと、長年培ってきた人脈、知人、友人、学友、先輩、後輩など、様々な場面で知り合いになった人が多くいることでしょ

う。

　社会人になったばかりの頃や若手の頃に、こんな経験はないでしょうか。仕事の話で議論していて煮詰まってきたときなどに、課長がふらっと話に入ってきて、「今の話だけど、もしかしたら、この人に話を聞きに行ったら、参考になることが聞けるのではないか」などとアドバイスしてくれ、アポイントをとって会いに行くと、非常に参考になる情報を提供してもらい仕事が随分捗った。課長に報告し、「先方が課長にはお世話になっているのでよろしくとおっしゃっていました」などと伝えると、「いや、単なる呑み友達で、いつも愚痴を言い合っているだけだよ」と笑っていた、といったような出来事です。

　みなさんもそれぞれ昔の上司のポストに就く年齢となっていると思いますが、いかがでしょうか。筆者も、ある程度の年齢になってからは、たまたまの人脈のおかげで、仕事上窮地を救われたり、脱出口がみつかったりと幸運な例が続いたことがあり、そのうち、「これが人脈か」と気づき、昔の課長の話などを思い出したものでした。

　自治体などの比較的大きな組織では、若手の頃などは、組織内の人脈創りにいそしみます。そうでないと仕事をうまく進めていけないからです。そうしていくうちに、組織内では顔が広くなり、仕事が随分やりやすくなってきますが、そこに安住していてはいけないのです。そうなった段階では、次のステップである職場外の人脈をいろいろと創っていき、対外的な人的ネットワークを構築していく役割が求められているのです。組織にはそういう役割の人が必要なのです。

　ですから、45歳以降で、そういった職場外の人脈を仕事で使っていない人は注意してください。職場外の人脈を使って仕事がうまくいった経験がほとんどないという場合は、自分の受け止めている組織内での役割や仕事の取組み方などが、若いときからあまり変わっていないと捉えて、考え方を修正することが必要です。

　さて、人脈といっても、どういうかかわりのどういう人なら、「人脈」といえるのでしょうか。

　わかりやすいイメージでいうと、仕事の訪問先がその方の勤務先の隣のビルで、アポイントの時間よりも随分前に到着してしまった時に、「そういえば、隣は○○さんの会社だなあ。久しく会っていないな、どうしているかなあ。ちょっと顔を出してみようか」と思って、アポなしで顔が出せるし、先方も突然の訪問を当惑しない程度の親しい間柄、といったところでしょうか。

　現在の職場の仕事上だけの関係でも、異動したら挨拶状は出すくらいの相手といってもよいでしょう。異動や引っ越しをしても、自分の連絡先をまめに伝えている相手でもあります。こちらからみると、現在の先方の連絡先を正確に知っている人といってもよいでしょう（昔一度名刺を交換しただけで現在の異動先は知らないという人は入りません）。

　こう考えてくると、年賀状の送付先やフェイスブックの友達などが当てはまるでしょう。筆者の場合は、年賀状を軸に考えています。

　筆者は、毎年数百枚年賀状を出しています。これは最初に勤務した会社を退社したのが年賀状の時期であったので、オリジナルの挨拶文を創り、印刷して年賀状の形で百枚ほど送ったのが最初です。もう30年近く続けていて、どんどん増えていき、途中減らす努力も適時しながら、ここ十数年はこのくらいの枚数で抑えているところです。

　年賀状では、いつも、前年の仕事で行ったことや最近感じていること、迎える年の予定、やりたいことなど、細かい字になってしまいますが、近況をまとめて書いています。文面は毎回、それなりに頭を絞り作成しているので、基本的に添え書きはなくてもよいと判断しています。こちらの職場と家の連絡先は必ず明記しておきます。前年度の相手の年賀状や挨拶状に再度目を通して、宛名書きを行いながら、特別に添え書きが必要な方には、短く書き添えることをしています。

　筆者にとっては、年末にまとまった時間を費やすことになってしまいますが、自分の人脈を確認する非常によい機会となっています。現在の大学で、各界のゲストスピーカーを呼んで経験談を話していただく講義を担当していますが、年賀状の作業の中で、その候補を探していたりも

します。

　人脈は、「耕しておく」必要があります。年賀状はそのよい機会になります。「年賀状を止めました、これからはメールに換えさせていただきます」といった連絡が届くこともありますが、人脈を耕しておく上では、年賀状の利点は十分あります。

　さて、今までの話は、自分が認識している人脈の話です。自分のことをよく知ってもらい、なにか必要性があれば訪ねていける相手です。

　次に、もう一つ鍵を握るのが、意外な伏兵です。伏兵というのは語弊がありますが、中高年になれば、地縁、血縁、職場関係などあらゆる「伝手」があり、自分が知っている、覚えている以上に、人に知られて、覚えられていたりします。意外な人があなたを評価していて、力になってくれることが往々にしてあります。こちらが忘れていても向こうが憶えていてくれたりします。

　これが、ある程度の年齢になると効いてきます。言い換えれば、評判というものともいえます。それこそ日頃の行いがものをいう、ということです。「人には世話になり、人の世話は引き受けましょう」ということです。

⑺　求職活動における人脈ルートの重要性

　Dさんは、30代半ばより仕事で無理をして体調を崩し、体調が回復すると忙しい職場に配属となり、再度体調を崩すということを重ねるうちに、職場で不遇の時代を過ごしていく状況になってしまいました。そんな頃でも、昔出向先の役所で一緒に働いていたメンバーと仲がよく、定期的に開かれていた集まりにはいつも顔を出していたということです。

　その集まりのメンバーである昔の上司が転職していて、オーナー企業の社長の片腕となっており、将来の代替わりを見据えて会社を支える優秀な「番頭さん」を探していたところでした。Dさんの昔の仕事ぶりを評価していたことから、誘われたということです。

　求人企業にとっては、応募者の「人となり」は最大の関心事項だとい

えるでしょう。人となりとは、その人の人間性、人柄、性格、印象などを表す言葉ですが、採用の局面では、そこに仕事ぶりが入ってきます。

　新卒の場合は、社会人としての仕事ぶりなどは、社会人経験がないのでわかりません。それこそ、採用した職場で仕込んでいくしかないと求人企業側は思っています。

　一方、中高年齢層になると、社会人としての経験が長く、仕事のスタイル、ペースなど仕事ぶりがもう固まってしまっていて、変えられないのではないかと求人企業側は思っています。

　履歴書や職務経歴書ではどうしても情報量が少なくて、応募書類の書き方や短時間の面接での受け答えなどは、指導を受けて練習すれば「装える」ところが多くありますので、本当の姿、人となりを知ることができれば、と求人企業側が考えるのも無理はありません。

　どんなベテランの人事担当者でも、書類選考と面接だけでは賭けに近い形となり、採用してみたら当てが外れた、という経験はよくあるのではないかと思います。

　求人企業側も、応募者の情報については、面接の段階では様々な伝手をたどって収集します。昨今はSNSでの個人の情報発信がありますので、そういった類いはもちろんチェックされています。

　求人企業の人事担当者との会話では、「よい人であれば、いつでも面接します」という言葉を結構耳にします。

　再就職支援会社における中高年齢層の再就職についても、3分の1から半分程度は、知人の紹介で決まっているといわれています。求人企業にとってはどんな人が来るのか、「よい人」なのかが最大の関心事項です。Dさんのように、昔上司と部下で働いた関係があれば、最強の人脈といえるでしょう。あなた自身をよく知っている人が紹介してくれるのであれば、求人企業側も安心して採用できるのです。

　しかも、求人企業側にとっては、例えば雇った人が問題を起こした場合に本人に警告したり、退職を促す場面で、保証人になっていなくても、採用の時の紹介者に立ち会ってもらったり、間に入ってもらった

り、ということもお願いできるかもしれません。

　また、求職者にとっては、求人企業側には直接聞きにくい労働条件や会社の評判なども、紹介者には聞きやすいという利点もあります。

　再就職先を直接紹介してくれる以外にも、面接時や内定時に再就職先の評判や実態等を調べる際なども、人脈を活用して対応することもできます。

　社会学ではスモールワールド現象で、「六次の隔たり」という概念があり、世界中のあらゆる人であっても間に6人入るとつながるといわれています。言い換えれば、伝手を辿っていければ、そのくらいの目安で目指す企業の人事担当者にもつながる可能性がある、ということです。

　ただし、人脈を介した紹介の場合には、入社を断りにくくなるという欠点があることに注意が必要です。

2　**再就職に活かせる地方公務員の強み**

(1)　公務員の「売り」とは具体的に何か

　公務員の「売り」といっても、そんなものはあるのだろうかと思う人も多いでしょう。しかしながら、民間企業で仕事をしている人と比べると、「売り」になるものがあるのです。

①法令や通知に慣れている

　まず、法令や通知を読むことが比較的苦ではないということです。みなさんは、法規担当が条例策定などの作業で細かい法令集をみながら条文のチェックなどをしているのと比べて、そうした業務をしていない自分は法令や通知が苦手であると感じている人も多いでしょう。しかし、民間企業の人と比べると、得意でなくても我慢して読んで考えるくらいはする、ということが「売り」になるのです。

　民間企業の人は、役所の通知、法令の類いについては、アレルギーともいえるくらい、読んでくれないことが多いのです。そのため、法令改正や大事な通知改正があると、業界団体などの少しでもわかりやすい説明会や、業界誌の特集、解説本などを頼っていますので、対応が遅れがちになります。

　しかし、みなさんだと、まず改正された法令や通知を読んでみる、改正された条文の新旧を比較して考えてみる、時には、その改正の背景を探るべく、役所のホームページで公表されている関係審議会の資料や議事録を読むなどして調べる、といったことがそれほどの抵抗感がなくできます。社会保険、医療、介護、福祉の業界などは、法令改正、通知改正が頻繁ですし、それに合わせて経営方針も修正していかなければなりません。その対応が、みなさんが従業員として働いていれば、他の業者よりも先にできるのです。

　しかも、公務員であれば、条例改正はやったことはなくても、通知な

どを出した経験は多くの人は持っているでしょう。通知などを出す側になった経験があれば、「この表現で書いてあるということは、この程度の意味と考えてよいな」と、通知文の微妙なニュアンスも含めて読み取る力もあるのです。

　経験がない分野の行政関係の通知等だとそういう訳にはいかない、と思うかもしれませんが、行政的なセンスは分野ごとの差異を超えて使えるのです。

②助成金、補助金等役所関係の手続きに慣れている

　助成金や補助金など、役所関係の手続きやその利用に関する仕事に慣れているということがあります。民間企業では、様々な分野で役所関係の手続きがあります。場合によっては、「境界線上」の微妙な手続きをしなければならないこともあるでしょう。その場合に、役所での経験・発想が役立つのです。

　また、助成金、補助金などは、民間企業の人にとっては、助成や補助の対象になるのかどうかが、説明を読んでも非常にわかりにくいものです。一方で、役所の側は、使いやすい助成金、補助金などについての要望を様々な関係団体等から受けており、政策評価で利用実績が問われることにもなりますので、助成金等はどんどん使ってもらいたいものです。

　役所の助成金、補助金の類いを調べて、その企業で該当するものの申請を積極的に行ったりすると、企業にとっては貴重な人材になります。

③関係者との調整能力がある

　公務員は、職場では常に調整能力が求められています。所掌分野の関係団体、地域団体、役所内の関係部局、関係議員など、ありとあらゆる関係者との絶え間ない調整が、業務の上では必要でしょう。

　しかも、役所の調整の場合、落としどころを模索しながらも、多くの人に説明ができ、しぶしぶでも納得してもらえるような結論、関係者の公平性などといったことに注意しながら、話をまとめてきています。昨今、民間企業でも、説明責任やコンプライアンス（法令順守）は必須の

ものとなっており、公務で培った調整能力が役に立つのです。

④文章力がある

　公務と民間企業との大きな違いは、行政は文書により仕事をすることが基本という点です。窓口や事業課などでは、あまり文書を扱わないという職員もいるでしょうが、ある程度の地位になってくると、議会答弁や報告書、行政計画など、様々な行政文書を作り上げる業務が多くなります。

　公務員の文章は、わかりにくい悪文の代表例のようにいわれることもありますが、多くの人に読まれることが前提の文章が多いですから、その経験がない人よりも、文章力は備わっているのです。

　民間企業では、文書というより、プレゼンテーション資料などを作成することが多く、そうした視覚に訴えるものに目が行きがちですが、文章力がある人材はやはり一定程度必要とされています。いざという時に、顧客へのお詫び文一つ書けないということでは、やはり困ります。

⑤新しい職場への適応能力がある

　異動経験が民間企業に比べて多いので、新たな職場への柔軟性、適応能力が高いことがあげられます。

　地方公務員は国家公務員ほどではないですが、民間企業と比べると異動は多い職場といえます。また、その異動も、特に若手の時には、全く関連がない部門への異動が多いことが特徴としてあげられます。統計の部署にいたのに、次は土木の部署、その次は福祉の部署などというように、畑違いの未経験の仕事をどんどん経験しているのです。

　また異動の幅の広さには、その業種・職種によって、アピールできる業務経験を多くの異動歴から選ぶことができる、という長所もあります。様々な能力をいろいろな異動先で身に付けてきているのです。

⑥信用力がある

　誰もが知っている職場で長期勤続してきており、役所という「堅い職場」にいたことから、ある程度信用がおける人物だとみなされます。

　特に、公務では中立、公平といった概念が大事ですから、常に自分の

メリットばかり追ってきたのではない信用力というものを感じてもらえることが多いようです。

⑵　民間企業の人事担当者からみた公務員のイメージ

民間企業の人事担当者からみた公務員のイメージとしては、次のようなものがあるかと思います。

- ●融通が利かない
- ●考え方が保守的、消極的
- ●規則、決まりにとらわれ過ぎる
- ●対人サービス関係で、ホスピタリティに欠ける、顧客の気持ちを考えない
- ●間違っていても、謝らない
- ●新規チャレンジをしない
- ●利益、採算性に関心が薄い
- ●いわゆる上から目線で物事を考える
- ●ビジネスの基本が身に付いていない
- ●職務の専門性について、経歴からわかりづらい

日頃から「公務員は…」と世間でいわれていることばかりで、耳が痛いところですが、それなりに納得いただけるかと思います。

しかし、これらは「反面教師」として捉えていただくとよいのではないかと思います。つまり、「融通がきかない」のではないかと思われているということは、少し柔軟な対応をみせたりすると、「公務員出身なのに、意外と柔軟ではないか」と好印象に変わりやすいのです。民間出身だと当たり前の柔軟さが、公務員出身ということで、上乗せして評価されるのです。

特に面接での受け応えでは、こういった世間の公務員のイメージを払拭するような対応をすると、予想以上に高い評価を得られることがあります。

⑶ 求められる人物像

　民間企業の人事担当者が求めている中高年の人物像は、各企業によって違いはあるものの、概ね次のような点が共通しています。

- ●人柄がよい人
- ●腰が低く、何でも自らできる人
- ●オールラウンドの力がある人
- ●若手に教えるのがうまい人
- ●仕事への取組み姿勢が若手の模範となる人
- ●柔軟な考え方、現実的な解決ができる人
- ●社会常識があり、TPO をわきまえている人
- ●コミュニケーションに長けている人
- ●組織をまとめてきた経験がある人

　これらについて、みなさんはどう感じるでしょうか。人柄や対人関係、コミュニケーションなどの要素が非常に高くなっているのがおわかりいただけたでしょうか。

　誰もがみな、それなりに欠点は持っているので、上記がすべて当てはまるような人はなかなかいないものですが、これらすべてが当てはまるような人物になることを日々意識して仕事をしていくということは、大事なことなのです。この姿勢を忘れないでいていただければと思います。

　企業の人事管理に詳しい今野浩一郎学習院大学名誉教授は、定年以降の再雇用での職場で評判がいい高齢者たちを、「かわいい高齢者」と呼んでいます。「かわいい高齢者」とは、職場の年下である同僚に受け入れられ、新しい役割のもとで頼りにされて、活躍できる高齢者のことを指します（今野浩一郎・小曽根由実「特集　多様で柔軟な働き方が会社を強くする」（インタビュー）NAVIS、032、MAY 2017）。先ほどあげた中では、とりわけ、人柄がよく、腰が低く、なんでも自分でできる人がこれに当てはまります。

　また、再雇用などで定年までとそれ以降が同じ職場でも、役割が変わったことに合わせて、気持ちの切替えがうまくできる人です。ただ、これの難しいところは、そもそも職場が本人に対して「新しい役割とは何か」をうまく提示していないという現実、提示できたとしても、本人のみならず周りの者も定年前の本人の働きぶりを知っているだけに、その新しい役割を受け入れることができているとはいい難いということです。

　専門能力が多少低くても、「かわいい高齢者」であれば職場で歓迎されています。求められている役割を考えると、むしろ有能過ぎて実績がある人だと敬遠されがちだともいえましょう。

　この見方は、実は再雇用などの場面だけではなく、日本の職場全体にいえることなのです。リストラで退職勧奨や解雇などを進めざるをえない場面では、能力の高い人を残し、低い人を切っていくと思われるでしょう。しかし、実際の人選では、多少有能ではあるが職場での人間関係に少し距離をおいたり、人は人、自分は自分という割切りで仕事をやっている人と、能力ではそういう人には多少劣るけれども、一所懸命やっていたり、職場のムードメーカーとして潤滑剤になっていたりする人のどちらを切るかというと、前者を切ることがほとんどで、後者を切る場合は、職場へのマイナスの影響が大きいことを覚悟してやる必要があるといわれています。

　職業能力ではなく、こういったことを重視することに違和感を覚える人もいると思いますが、人事担当者や職場の人たちはこう感じているという現実は、十分認識しておいてください。

⑷　民間企業の採用者が求めるレベル（求職活動の注意点）

　採用する側は、職場を引っ張っていく人材を求めています。当該企業で少なくとも上位3分の1には入るような優秀な人しか採る気はありません。当該企業の平均的なレベルではダメでしょう。

　民間企業が求めている人材は、逆にいうと社内で辟易している人材の

裏返しでもあります。時間にルーズな人が多い企業では、時間にルーズな人材に抵抗感がないかというと、むしろその逆で、そういう企業では時間にルーズな人は採りたくないと採用担当者は思っていたりします。

　反面教師にすべき世間の「公務員のイメージ」と「こういう人が求められている」ことについて、どのようにして書類選考＋面接でアピールしていけばよいのでしょうか。

　まず、書類選考では、採用につながる職務経験などをうまくアピールし、自分の「売り」になるキャリアを目立たせながら、応募書類にしていきます。

　次に、書類選考を突破して面接になると、先程の「こういう人が求められている」にあげていることを、説得的なエピソードなどで実感をもって伝わるようにしていかなければなりません。

　説得的な話の例として、新卒の話ですが、音楽大学の卒業生でも、音楽業界ではなく、一般の業界に就職する学生がいます。音大生は小さい時から、来る日も来る日も音楽の練習に明け暮れ、レッスンでは常に厳しい指導に耐え抜いてきています。その中でめげずに、前向きに切磋琢磨して、自己研鑽を積んできているのです。「音大生の武器」のひとつは「いくら叱られてもめげない精神力」だそうです（大内孝夫『「音大卒」の戦い方』ヤマハミュージックメディア、2016年）。こうした人材は、現在の各企業の人事担当者からすると、喉から手が出るほど欲しいのです。厳しいことをいうと、すぐに元気ややる気をなくすことも多い新卒者の相手に疲れ果てている人事担当者には、説得力がある説明です。

　みなさんの場合には、例えば次のようなエピソードを話すのはどうでしょうか。

　従来から行ってきた作業手順の大幅な変更を提案した際に、手慣れた作業を見直す面倒から後ろ向きだった同僚・部下を説得し、当該作業の全てを自ら試してみて、分担作業の非効率のところや待ち時間のロスをなくせるよう再分担プランを作成したこと、PC作業で効率化できる部

分では表計算ソフトのマクロ作成により自動化を行うなどにより、具体的に作業効率を上げたこと、さらにその後は同僚や部下が改善提案をいろいろと続けてくれ広がりをみせたこと、などです。

　周りをうまく巻き込んで、仕事の改善を自ら率先してチームで行っていく柱となってくれる人物であることが鮮明にイメージでき、採用すると職場によい影響を与えると思ってもらうことができるでしょう。

　ただ、こういったエピソードが単なる自慢話になったり、面接を受けているのが中小企業なのに大組織ならではのエピソードを話したりしてしまうと逆効果になりかねませんので、注意してください。採用担当者が、当該企業に当てはめて活躍してくれるイメージを持てるようなエピソードを用意しておくことが大事です。

第 **4** 章

再就職事例とその考察

再就職事例について

　本章では、第2の職業生活（セカンドキャリア）で再就職を選択した方々の事例を紹介いたします。

● 【事例の概要】では、具体的な再就職の状況をまとめています。

● 【事例の考察】では、再就職につながった要因やキャリアアップのための視点など、その事例から学んでいただきたいポイントを解説します。

● 前職が国家公務員だった方の事例も紹介していますが、「公務員」の例として参考にしていただきたいと思います。

行政経験で得た専門性を社会福祉法人で発揮

事例
1

事例の概要

　県庁に定年まで勤めたＥさん。若手の頃は、様々な部署に配属されましたが、職歴後半の20年間くらいは保健医療、福祉行政に従事していました。

　また、若手時代に、県庁から大学院の修士課程に研修派遣となり、研究の面白さに惹かれて、その後も、勤務を続けながら自費で博士課程に通い、40歳になる頃に博士号を取得しています。

　定年後は、フルタイムでの勤務ではなく、週２～３日働き、合間に関心分野の研究を行い、論文執筆をと願っていましたが、そのような理想的な生活は現実にはなかなかないのではないかと、Ｅさんは内心思っていました。

　定年退職後、しばらくしてから、在職中に元上司であった社会福祉法人の理事長に、保育所開設で常務理事を探しているので、やってもらえないかという話があり、週３日勤務でもよいとのことだったので引き受けました。報酬は勤務日分のみ、家から車で20分ほどの通勤でした。

　業務は保育所の開設だけでなく、同法人が高齢者向けのデイサービスなどもやっており、その関係で市の指導への対応などの業務も担当することとなりました。

　常務理事は保育所の開設など一区切りついた時期に退職しましたが、常務理事就任直後に、現役の頃から交流のあった別の社会福祉法人の理事長から、理事長職を継いでくれとの話を受けていたので、後任に就任しました。保育所を中心に数施設を運営する法人ですが、理事長勤務も週２日（土日のイベントなどにも出勤）となっており、報酬も前法人と同程度だということです。いつまでかは決まっていないものの、前任の理事長が80歳位まで10年ほど務められていたので、10年位は務められる

のではないかとのことでした。

　Eさんにとっては、現在の仕事は大変な面もあるけれども児童福祉への貢献というやりがいがあり、県庁での業務経験が直接活かせること、フルタイムでないことで、関心分野の研究活動や遠方の孫の世話なども行うことができる点に魅力を感じているそうです。

　在職中は、特定分野への配属が続くことに物足りなさを覚えることもありましたが、振り返ってみると、その中で専門性を培い、保健医療・福祉分野での幅広い人脈を得ることができたことが、定年後の再就職につながったと、非常に感謝しているとのことでした。

事例の考察

1　狙い目職種である医療法人・社会福祉法人の事務職

　現在、医療法人、社会福祉法人などは、医療、介護、福祉の分野でこれからもますます重要な役割を果たしていくことが予想されます。

　慢性的に人手不足の業界であり、しかも、病院を例にとると、医師、看護師、理学療法士、技師、事務職など、異なる専門性を持った職員で構成されており、「多職種協働」の職場です。人の入替わりも激しく、人事管理にまつわる問題も多いところです。

　自治体では、技術系や専門職種など、採用試験区分が異なる職員で構成される職場は多く、多職種協働の職場では役に立つ経験となります。

　さらに、この業界では、役所の法令・通知の改正が多く、それに沿って業務執行の体制整備や業務計画の見直しなどを大幅に行わなければならない状況です。

　法令が苦手という人もいるかも知れませんが、それは自治体の法規担当者と比較するからで、公務員出身者は、民間企業の方と比べると、法令には相当慣れているということがいえます。

　改正法令、種々の通知文書など、民間企業の方には敬遠したくなるよ

うな文章も、イヤイヤながらでも、我慢して読んで理解することはできるでしょうし、わからない点について、役所に電話等で問い合わせることにもそれほど抵抗はないでしょう。

　保険の請求、助成金などの申請、患者・利用者からの役所への手続きや利用の仕方の相談など、役所との関係は切り離せない業界です。特に、様式の記載で何を書いたらいいのかがわからないところも、公務員出身者であれば予想がつきますし、また、審査等にスムーズに通る書き方など、それとなくわかっているはずです。この業界には、世間でいう「法律の専門家」でなくても、そういう人は必要なのです。

　さらに、「ヒト、モノ、カネ」の管理体制が確立されていないところが多く、個人情報管理についても慎重な対応をしなければならないところであり、事務の仕事は複雑・膨大となっているのがこの業界です。

　どの法人も、人事制度、教育制度、リスク管理、金融機関との取引などの基本的ルール等、関係法令を踏まえた見直し、医師、看護師、介護職、事務職等多職種をまとめていく能力、人事労務管理、資金調達等財務面（絶えず設備投資が必要）など、小規模の組織経営のノウハウを習得・活用し、関係行政機関等との調整など、様々な業務を行う必要があります。

　もっとも、それらの全てについて経験がなければならないわけではありません。手続きなどは厚生行政関係が多いのですが、厚生行政経験者に限らず、自治体での総務系の業務経験があれば、違和感なく仕事ができます。

　特筆すべきことは、この業界は公共性があり、民間といえども売上げや利益を上げるというよりも、地域や関係団体等との調整をうまく図りながら運営していく能力が求められるということです。

　マスコミなどでは、経営のノウハウをうまく活用し、民間企業としての切り口で改革する必要がある、といった取り上げ方が多いですが、重要なことは、公共性があるがゆえに、採算が取れないから撤収ということができない（やってはいけない）という点です。この点についての頃

合いがわかっていない人だと、経営改革もうまく進みません。

　公務員出身者には、入りやすく、その経験が生かせる職場の代表例といえましょう。

2　知り合いの職場で希望の労働条件

　Ｅさんの場合、週２～３日勤務でというご本人の希望にかなった理想的な労働条件での再就職が実現しています。しかしながら、一般的な求人では、なかなかこのような労働条件での募集はないでしょう。ハローワークなどでも、窓口で相談すれば、求人票の労働条件について、面接に行く前に勤務日・勤務時間などについて求人企業と交渉してくれる場合はありますが、採用面接に不利になる可能性もあり、なかなか難しいところです。

　ある程度気心が知れた知り合いの職場だと、事前に事実上労働条件の相談ができるという点では、人脈を使った再就職は利点があるといえるでしょう。

　また、Ｅさんの場合、再雇用の限度年齢に縛られない再就職が実現しています。Ｅさんは、前任者同様、事実上後継者を自分でみつけてからでないと退任できないという制約はあるものの、人生100年時代といわれ、現役時代が延びてきている時代において、年齢制限に縛られないポストを得ており、これは魅力的です。

事例2 新規業界にチャレンジ、民間企業で活躍

事例の概要

　市役所に定年まで勤めたFさん。議会事務局や図書館、東京事務所など様々な部署を経験してきました。

　定年後のことについては、同期の職員は再任用で引き続き勤める人が多いのですが、それだと定年後の気持ちの切替えが十分できないように思われたので、どうせ働くのであれば、役所の外でと漠然と思っていました。

　そんなときに、知り合いから、卸売市場での勤務の話がありました。給与は現役時代の5割程度でしたが、業界未経験者でもよいということで、再就職しました。

　再就職先では総務部長というポジションですが、部下は数人で半数が非常勤です。市場は、お店も職員も含めてベテランが多い中、他業界から転職してきた身としては、とにかく何をやるにしても、関係者の話を十分聞いてから行動したり、決めたりすることを心がけているとのことです。

　職場は、民間であるがゆえに、行政とは違い、柔軟性が求められる部分が多く、昔と異なり様々な法令の順守が厳しく求められている昨今、従来どおりではやっていけない部分を、一つ一つルール化や改善していくことが特に重要な仕事だと感じているということです。

　朝は早く、土曜日でも勤務があったりしますが、議会事務局や東京事務所で調整が難しい関係者との粘り強くていねいな交渉・対話をしてきた経験が、この職場でも随分役に立っているとのことです。

事例の考察

1　定年後の再就職による気持ちの切替え

　50歳代になると、自治体といえども、転勤（単身赴任）が多くなってきたり、管理職ポストの不足から中二階のような中途半端な役職・ポストに就くことになったりすると、セカンドキャリアについて真剣に考えるような状況になってきます。

　定年後については、まずは再任用について検討することが多いかと思いますが、短時間・短日数勤務しか枠がなかったり、後輩が上司になったり、魅力的な仕事ではなかったり、といろいろ悩ましい状況もあります。

　再任用の先輩たちの話では、「定年前と違って気が楽でいいよ」とは聞くものの、仕事のやりがいを感じているようには思えないということも多いでしょう。慣れた職場でいつもの人間関係というのは、それなりに魅力となりますが、それはやりがいのある仕事があってこそといえましょう。

　再任用だと気持ちの上で切替えることが難しいでしょう。同じ職場ではあるものの、仕事の内容、給与、職場での役割などについて大幅に変わることに、自分も周りも抵抗感があるからです。

　また、再任用の場合には、ライン業務のサポートや補助的な仕事、特命業務など様々なものがありますが、公務の職場のみならず民間企業をみても、うまくいっているところは少ないのが実情です。

　こうした状況の下では、逆に与えられた役割を真摯にこなそうと考え頑張ってみても、昇給が制度としてそもそもなかったりしますし、周りから空回りしているだけにみえてしまうこともあるかもしれません。

　現在の60歳という定年も、人生100年時代には後半期の入り口のような大事な時期となり、そこでやりがいがあり、その後のキャリアにもつながっていくような仕事に従事することは、非常に大事なことといえま

しょう。少なくとも気持ちの点では、再就職だと緊張感もあり、うまく
切り替えができます。

　70歳、80歳を視野に入れると、どこかで必ず転職しなければならなく
なります。55歳、60歳、65歳と節目ごとに労働条件が低下していきま
す。できるだけ早い段階で転職する方が選択肢も広く、次の職場での活
躍・やりがいが増してくると思われます。

2　中小・零細企業での「番頭さん」が不足

　Ｆさんの勤務先は、従業員が十名ほどの小企業です。Ｆさんはそこで
の唯一の部長クラス、いわば「番頭さん」ともいえる存在でしょう。

　職場はオーナー企業ではありませんが、中小・零細企業ではオーナー
企業が多く、昨今の寿命の延びで、社長が長年頑張っているところが多
い状況です。

　しかしながら、そのようなところでは、社長の後継者問題が深刻で
す。例えば、子どものうちの誰かを後継者にと思っていたものの、その
子ども達は大企業で勤務し戻ってくる気配がなく、社長が元気なうちは
大丈夫といっていたのが、高齢になったり健康問題が発生したりする
と、一挙に後継者問題が深刻化します。

　また、子どもが後継者として入社してくれても、育てる番頭さんがな
かなかおらず、社長自ら後継者指導に乗り出すことになる場合、子ども
の側は、親子の関係が職場にまで直接的に及ぶという状態をなかなか耐
えられない時代になってきてもいます。

　そこで、後継者を育てる中小・零細企業での「番頭さん」の役割を担
う人材を求めて、高給で募集しているケースは結構あります。それなり
に仕事はきつく、特に、経営者との相性次第という点、専門性というよ
りも、人間関係のあしらい方がうまいかどうか、様々な事柄を総合的に
現実的に対処できるか否かが求められるようです。民間企業の経営経験
者というよりも、人間関係の捌き方を知っている方などが向いていま
す。

　Fさんのように議会事務局や東京事務所などを経験していると、そういった能力が知らず知らずのうちに身に付いているものです。

　中小・零細企業の「番頭さん」は、日々勉強と思い、様々な経営環境の難局をなんとか乗り切っていく業務に対して、貴重な体験ができる場だと前向きに捉えられるかどうかがポイントとなります。やりがい、存在感の点では十分で、民間企業ならではの仕事といえましょう。

事例3 介護や職場の問題から退職、再就職で認められ、悔いのないチャレンジ

事例の概要

　Gさんは、国家公務員で社会保険の部局に勤務していましたが、退職前は職場がかなり忙しく、土日の出勤も多く、次第に体調を崩していきました。同じ頃、離れた故郷に住んでいる一人暮らしの母親が病気や高齢のため生活にも支障が出てきていることがわかり、なんとかしなければと思い、自己都合で退職しました。幸いだったのは家族が、再就職先のあてがなかったにもかかわらず、退職という決断に賛成してくれたことです。

　とりあえず、故郷に帰って母親の介護などをしながら、1か月くらいかけて様々な問題を一つ一つ解決していき、少し落ち着いたところで、ようやく再就職のことを考えたということです。

　Gさんは、社会保険の部局での業務経験しかないものの、多少なりともその知見を活かせる、これから伸びてゆく業界である医療・介護系企業を対象に求職活動をし、最終的には45歳の時に、医療系コンサルティング会社へ入社しました。

　最初は、営業職の課長代理で公務員在職当時よりも少し低い給与でしたが、医療機関等のネットワークづくりの企画を提案し実施したところ、それが当たり、半年後に総務人事や経営企画職の部長へ、その数か月後に役員となり、年収も最終的には入社時の3倍程度にまでなりました。

　当たった企画は、公務員時代にいろいろな事業を企画していた時の発想を基に提案したところ、従来にない企画だということで、顧客の医療機関等の評判が非常によかったとのことでした。役所での情報収集・分析、関係機関との連携など、民間企業とは異なる観点で様々な事業の企画・実施をしていたことが、プラスになったとのことです。

　現在は、その会社を退社・独立し、新たに健康長寿社会の実現に向けた健康商材等の企画開発ビジネスを起業しています。

1　中途採用の求人票と実需（潜在求人）

　中小企業といえども、中途採用者をいきなり幹部ポストにつける求人は少ないものです。いったん入社してから、即戦力となり実績を評価され、潜在求人の顕在化に合わせてスピード昇進するということはよくあります。Gさんが特段珍しい例というわけではなく、中小企業の慢性的な人材不足の状況では、よくみられる事例です。

　役員や管理職クラスの募集については、書類と短期間の面接で決めるにはリスクが高すぎるため、「ヘッドハンティング」「スカウト」といわれる人材紹介業のサーチ型の業者に頼み、求職活動中の人材だけでなく、他企業で在職中の人材への転職勧誘も含めて、最適な候補者をみつけ出し、採用する場合が多いようです。

　中小企業、ベンチャー企業など、優秀な人なら潜在的にはいつでも欲しいというところは数多くあります。しかしながら、幹部クラスの役職となると、空きポストで業務上明白に支障が出ているという状態にならないと、求人を行うには至りません。

　中小企業、ベンチャー企業、人の出入りが多い業界（飲食業、流通業、サービス業など）の場合は、幹部ポストでなければ求人はよく出ているので、とりあえずは下位のポストで入社して頭角を現し、昇進を狙うことが常道です。特に、未経験分野でキャリアチェンジの場合は、胸を張ってPRできる当該分野での実績があるわけではないので、このパターンを狙うことになります。

　求職活動の際に、求人票をみて、希望の給与水準より低いからと切り捨てないで、希望する業界や企業であれば、採用後の昇進の可能性も視

野に入れてとにかく応募する、面接時にも下手に給与やポストの交渉を
しないことが重要です。求人企業の側も、実際に働いてもらわないと、
履歴書・経歴書や短時間の面接だけでは優秀かどうかは自信をもって判
断できないものです。

　また、いきなり幹部ポストよりも、下位のポストから当該企業におけ
る実績で昇進していく方が、周りの風当たりも少ないものです。それ
に、新しい職場は細々としたことがわかりにくく、都度職場の人に聞か
ないとわからないことが多くあります。その場合に、上位のポストより
も下位のポストの方が、何かと周りに聞きやすいし、頼りやすいともい
えるでしょう。

2　公務員の経歴が与える印象

　中高年齢層の求職活動では、書類選考の突破が最初の大きな関門で
す。面接にたどり着くまで一苦労です。しかしながら、公務員は応募者
の中では珍しく、人目を引き、人事担当者は会ってみようかと思うケー
スも多いといいます。

　自治体は、常に地元では人気の就職先であり、難関の公務員試験も突
破している優秀な人材を揃えているところですから、中小企業にとって
は、新卒人材のレベルでは採用面接にも来てくれなかったような優秀な
人材というイメージを持っているところは多いものです。

　そして、転職を繰り返している履歴書ではなく、長期勤続の「きれい
な履歴書」です。面接の時の質問では、退社理由、転職理由をまず聞か
れますが、転職歴が多いと最初のこの質問が多くなり、クリアするのに
苦労します。

　また、公務員だと人事担当者が「知らない企業」ではなく、過去の在
籍企業をいちいち調べる必要もありません。公務員試験を突破して採用
されたという点、長年公務員を務めてきたという点に、信用・信頼を感
じてくれる場合もあります。

　他方、民間企業での経験が乏しい点など不安要素もありますので、書

類審査を突破したからといって必ずしも採用に有望であるというわけではなく、応募者の中では珍しいからとりあえず会ってみる、という場合もあります。それでも通常であれば書類で落ちているところ、採用の可能性が生じる面接というチャンスをもらえるということは有利な点といえるでしょう。

3　50歳代になると気付く起業（自営業）の魅力

「何歳まで働くのか」。40歳代後半くらいにさしかかり、セカンドキャリアを考えるようになると、最も大きく、難しい問いとなります。それは、現在進行中でなかなか答えがみつからない問題であるからです。「自分自身が70歳、80歳になったときに、果たして自分や周りの人は、何歳くらいまで働いているのだろうか」、この予想がつかないからです。

雇用労働者は、今から30年くらい前は、民間の大企業でも55歳が定年年齢でした。現在は、再雇用を含めると65歳です。さらに30年後くらいには、75歳くらいで雇用労働者として働く人が増えていても、不思議ではないといえましょう。その辺りまで働くことになると、セカンドキャリアを本格的に考えなければなりません。

親が店をやっていたり、中小企業を経営したりしている筆者の同級生などは、若い頃から、親の店・企業を継ぐかどうかで随分悩んでいたりしました。そういったこともなく自分で就職先を自由に選べる方がよいと当時は思っていたのですが、50歳代になってくると、自営業の魅力に気付きました。

自営業では、「いくつまで働くのか」という問題にいつでも対応しやすい状況なのです。雇用労働者と違って定年がありませんし、年齢を重ねて仕事がきつくなってきたら、人を雇って自分の仕事量の調整もできます。労働時間、労働日数については、オーダーメイドでできるのです。現在進行中の高齢化には最適な就業形態ともいえましょう。

しかも、昔と違って会社設立の資金の規制は低くなり、インターネット通販などでは個人が開業するハードルが極めて低くなっています。開

業リスクを抑えながら、徐々に事業形態を整えていくことができやすい時代となっています。

　また、インターネットを使うと、狭い領域の趣味のようなものが、商売のネタになっていくこともあります。趣味のアクセサリーがいつの間にか評判になり、アクセサリーデザイナーとして独り立ちできる、といったことは、インターネットの時代ならではのものでしょう。

　さらに、起業といっても、NPOという選択肢もあります。福祉や介護の業界では、民間企業でなくてもNPOで十分サービス提供者になることができます。

　その他、外形的には雇用労働者と似た形になりますが、請負という道もあります。外勤営業などは、雇用労働者だと定年の制約があるし、仕事量を調整したいという要請もあるので、請負契約で同じ仕事を行うようになるパターンが多くあります。最近の求人では、自動車事故の調査員の仕事は、高齢者の請負契約での求人が多く出ています。

事例4 50歳代での公務内キャリアチェンジを活かし、定年退職後も活躍

事例の概要

　Hさんは、高校卒業後国家公務員となり、統計部門に採用され、30年以上も統計部門のみで勤務してきました。ところが、50歳代になって、女性労働部門の人が足りないからと声をかけられ、配置転換となりました。最初は戸惑うことが多かったのですが、比較的大きな地方機関で1年間女性労働部門の課長補佐で地ならしをしてから、比較的小さな地方機関の女性労働部門の管理職を務めました。

　企業への指導、女性労働政策の講演など、後任者がプレッシャーとなるくらい、精力的に務めて、評判のよい業績を残しました。

　定年退職後は、女性労働の外郭団体での勤務、公務の非常勤職員等を経て、現在では、自治体の男女共同参画推進会議会長、街づくり運営委員会副委員長などを務めるかたわら、ハラスメントや女性相談関係の講師や相談業務、配偶者からの暴力（DV）関係のNPOの活動など、忙しいと言いながら、精力的に活動を続けています。

　自治体の委員などは、謝金ベースでそれほどの収入にはならないものの、公務の職場を退職しても重要な役割を果たし、社会に貢献できることがよいとのことです。

事例の考察

1　中高年になってからのキャリアを梃子に道を切り開く

　Hさんのように、40歳代、50歳代になってから開始したキャリアをもとに、その後活躍していく方々も多いです。

　公務で社会保険の数理担当を務めていて、40歳代になってから外郭団体に出向し、そこで初めて資金運用の方針決定の仕事を10年近く担当した人が、その仕事の面白さが忘れられずに、50歳代になってから大手銀行へ転職した、という例もあります。通常は20歳代、30歳代からキャリアを積む人が多い金融業界などでもこのような例があります。

　公務でのこれまでのキャリアを振り返ってみて、なかなかセカンドキャリアの展望がみえてくるような切り口がみつからない場合でも、これからの公務の中での異動で新しい分野のキャリアを積み、それを踏み台にして、新たな活躍の場を掴んでいくということは可能です。

　特に自治体の場合は、業務の所掌範囲が膨大です。管理職に昇進したりする際に、畑違いの分野に異動させられる場合もよくあることでしょう。その際に、不慣れなことを嘆くのではなく、その経験をチャンスにしてみよう、と発想を転換することは重要です。若い時には関心がなくても、中高年になってから興味がわいてくる分野もあります。その場合に、若いときから従事していないからと本格的なキャリア形成をあきらめるのではなく、興味・関心を最大限利用して、とにかくその分野の業務に没頭してみることです。若いときと異なり、ある程度責任が任されるポストに就くと、その分野で再就職の際にアピールしやすい実績を積むことがやりやすいものです。それがきっかけで大きな活躍の場のチャンスが転がり込んでくることがあるのが、キャリア形成の面白さでもあります。

2　行政活動への参加

　Hさんのように自治体の審議会、まちづくりの委員会等で、最近では公募で市民から任命される委員枠もよくあります。元公務員であれば行政活動に理解があると考え、任命されやすい自治体も多くあります。審議会等でなくても、地域の活動では行政との絡みが多いことから、元公務員はいろいろと重宝される場面もあります。

　こうした公務員自身では気づいていないキャリア、スキルが助けとなり、様々な社会貢献もできる時代となってきています。

Column　セカンドキャリアを考えるヒント

◇住みたかった街で働く

　セカンドキャリアを考える際に、現在の居住地か老親もいる生まれ育った故郷か、という2択で考えるだけでなく、暮らしてみたかった街で働くという第3の選択肢を考えるのはどうでしょうか。

　筆者が北海道に住んでみて実感しているのは、意外に道外出身者が多いということです。北海道に来たのが大学からという人はもちろん多いのですが、北海道に縁のなかった人が学卒就職で来たり、セカンドキャリアで来たりする人が結構います。中高年齢層で移住してきて、数年間地域の活動をしながら地方議会議員になる人もいます。

　セカンドキャリアをきっかけに、住んでみたかった街にチャレンジするのは利点もあります。定年退職後でも仕事があれば、仕事を通じて自然にできる人的ネットワークがあります。それを活用しながら、地域への溶け込みを行う方が早く快適に生活を楽しむことができます。

　東京、大阪、名古屋、福岡といった大都市、横浜、神戸、長崎といった異国情緒のある港町、京都、奈良といった歴史のある街、沖縄、長野といったリゾートの街など、一度は住んでみたいと思っていたなら、セカンドキャリアでチャレンジするのは、案外よいのではないでしょうか。

◇地域おこし協力隊

　総務省が推進している「地域おこし協力隊」をご存知でしょうか。

　都市部の人が過疎地域等に移住して、概ね1年以上3年以下の期間、地域ブランドや地場産品の開発・販売・PR等の地域おこしの支援や農林水産業への従事、住民の生活支援などの「地域協力活動」を行いながら、その地域に定住・定着を図る取組みとして、平成21年度から実施されているものです。地域おこし協力隊取組自治体に対し、国から特別交付税による財政措置がなされています。

　任期中の給与等は、自治体により差がありますが、月10数万円〜20万円程度が比較的多いようです。

　任期終了後も、隊員の約6割は引き続き同じ地域（約半数が活動地と同一市町村内、12％が活動地の近隣市町村内）に定住し、同一市町村内に定住した隊員の3人に1人以上は起業するなど、新しい感性や刺激を地域に持ち込み、地域で新しい仕事を創り出しています。

　平成30年度の実績では、11都道府県の1,061自治体で実施され、5,359人の方が活躍されています。

　自治体での雇用関係では、主に会計年度任用職員、自治体が任用せず、委託契約を締結する場合の2つになります。

　地域おこし協力隊の現役隊員、OB、途中退隊者などもSNSなどで積極的に情報を発信しています。これらを参考にして選択肢の一つとして考えてみてください。

　（以上は、「地域おこし協力隊の受入れに関する手引き（第4版）」令和2年8月、「令和元年度地域おこし協力隊の定住状況等に関する調査結果」令和2年1月17日（いずれも総務省地域力創造グループ地域自立応援課）を一部引用し筆者編集）。

◇大学院の活用

　セカンドキャリアを考える上で、大学院という場は大変役に立ちます。筆者自身の博士後期課程の在籍経験や現職での経験から、現在の大学院の実情を踏まえた活用方策を紹介します。

　大学院というと敷居が高いイメージがあるかも知れませんが、現在の大学院は、学部だけでなく、さらに勉強・研究を重ねていきたいと考えている方が、選択肢の一つとして進学しているところです。

　また、リカレント教育が広まり、社会人の学び直しの場として多く活用されています。社会人の方が、仕事をしながら、その合間に通う場としても定着してきており、都心の便利なところにサテライトキャンパスを設置し、社会人院生向けの場所・時間・曜日を設定している大学院が多くなっています。

　私が勤務する公共政策大学院では約3分の1くらいの院生が社会人経験者です。公共政策大学院なので公務関係が多いですが、地方公務員、地方議会議員、NPO代表、社会保険労務士などの士業、銀行をはじめ民間企業など、様々な業種・職種の経験者が集っています。民間企業や自治体などに在籍中の方、いったん退職して進学されている方も多くいます。

　公務員は、民間企業と異なり、転職例を間近にみる機会が非常に少ないですが、大学院で様々な社会人院生と知り合い、お互いのキャリアのことを話していくうちに、様々な情報が入ってくるようになります。こうした情報交換の人脈を創るには、経営大学院が最も効果的でしょう。また、文系でも、国際、法、政治、経済、経営、社会など分野が横断的で広いところの方が、いろいろなキャリアを持った人達と知り合うことができます。

　大学院では、様々なネットワークを活用し、講演会、研究会、シンポジウムなどが盛んに行われています。また、総合大学では、その他

の学部や研究科の催し物の告知などが学内の至る所に貼られています。それらは無料ですし、少人数で行われているので、講演者への質問なども気軽にできます。さらに、大学間交流もあり、遠方の他大学の教官・研究者が時折、研究会に参加したりするので、論文でしか知らなかった研究者の方とも知り合うことができます。

　学術的なものばかりではなく、産学連携のプロジェクトなども多く、その内容の発表会など、ベンチャーなどの起業者等とも交流できるイベントも増えてきています。現在の最先端の情報を知ることができる場なのです。

　さらに、セカンドキャリアを目指した研究や執筆活動などで、所属のない個人ではやりづらいことを、大学院生という肩書きを使って行うことができます。再就職希望先に、大学院の正規科目のインターンシップで実習することさえできます。

　費用の点ですが、筆者が現在勤務している公共政策大学院の2020年度の例では、出願検定料30,000円、入学料282,000円、授業料年額535,800円となっています。公共政策大学院は修士の２年間ですから、授業料は２年間分必要となります。在職（アルバイト、パートでも可）者、育児・介護の負担や障害のある方には、４年間まで長期履修制度が使えます。しかも、授業料は２年間分の授業料納付でよいというものです。休学では別に２年間まで在籍することもできます。

　授業料等も、日本学生支援機構による奨学金や北海道大学の授業料減免制度等のほかに、大学院独自の奨学金（返還不要）を設けています。

　正規の入学ではまとまった金額がかかるという懸念があるのであれば、聴講生や科目等履修生もあります。

　科目等履修生とは、自分が学びたい１から数科目について学部や大学院で学ぶ学生です。当該授業科目の試験に合格すれば、所定の単位

が与えられます。聴講生は、単位の修得は目指さずに、学部や大学院で開講されている授業科目を聴講する学生です。

　これらの場合、入学料28,200円、授業料1科目（2単位）29,600円（その他に出願検定料9,800円）と費用の点では極めて低く抑えることができます。

第 **5** 章

再就職の準備
セカンドキャリアを見据えて

1　セカンドキャリアの検討

(1)　モデルを探す

　セカンドキャリアを考えていく上で、まず一歩目は、モデルを探してみましょう。最初の視点として、第2の人生（セカンドライフ）に焦点を当てて探してみてください。再就職や仕事にばかり目を向けずに、高齢期の生き方をみつめて、魅力的に生きている方を探すようにしてみてください。年齢も、60歳代くらいの方から90歳代まで、時には100歳代くらいの方まで、直接的に出会える機会のある人がいるでしょう。

　中高年向けの第2の人生（セカンドライフ）関係の書籍、雑誌の特集、テレビ番組などでも豊富に事例が取り上げられています。高齢期が予想外の長期となっていく今日、多くの方が関心を持っているからです。

　次に、高齢期に働く姿に焦点を当ててモデルを探してみてください。民間企業勤務者、自営業者など、高齢者で生き生きと働いている方を探してみて、積極的に高齢期の仕事の話を聞いてみるのです。再任用や定年までいた方からも、詳しく話を聞くとよいでしょう。

　本来は祖父母や父母の高齢期を傍らでみていれば、自然と感じたり考えたりしていくものなのでしょうが、日本は高齢化が急速に進みましたから、こうしたモデルが自然と生活の中で目に入ってくるという状況になりにくかったのではないかと思います。そのため、現在、その真っ只中にいる人たちに、意識して聞いたり話したりして情報を収集する必要があります。居ながらにして自然に、自分の高齢期の人生モデルやキャリアモデルができてくることは難しい現状です。

　今の90歳代の方などは、おそらく自らが高齢化を引っ張ってきた世代ですから、モデルがあったわけではないでしょう。年齢が80歳代、70歳代、60歳代と低くなっていくうちに、その先輩方も、モデルを探してい

た経験があったり、高齢化の伸びに戸惑った経験なども含めて、含蓄の
ある話を聞かせてくれたりします。

⑵　再就職の実態を知る

　二歩目は、再就職の実情・実態を知ることです。

　中高年対象の再就職関係の書籍を図書館で借りてきたり購入したりし
て、読んでみてください。筆者も再就職関係のセミナーで講演していた
頃は、毎年30冊くらいはそういった本に目を通していました。

　これらの書籍では、ハローワークや職業紹介事業者の活用といったノ
ウハウ本、キャリアの考え方を解説した本、高齢期の仕事を通じた生き
方を論じる本の大きく分けて3パターンがあります。これらは、地域の
図書館でも多く揃えられているので、10冊程度借りてみて、一気に読む
と相場観がつきます。

　そういった本を読みながら、セカンドキャリアには何を求めるのかに
ついて、真剣に考えていきます。そうした段階を経てから、あるいは並
行して再就職経験者に、再就職や今後を具体的に検討したいと思ってい
ることを伝えた上で、経験談を聞いてみてください。

　この場合、真剣に検討していることをうまく伝えないと、本当の実態
は話してくれません。再就職の苦労などは何かしらあるはずなのに、
「いや大したことないよ」とか「幸運にもすぐ決まってね」などといっ
た具合に、聞きたいところに限ってさらっと話をされるのが一般的で
す。

　再就職のことについては、お金の話が必ずついてきます。話を聞いて
いても、年収がいくらの職の話なのかを知らないと、評価もしようがあ
りません。また、年収がどうしてもあたかもその人の現在の価値を指す
かのように感じてしまう傾向があるため、本人も正直なところは話した
がりません。

　再就職について、年収も含めて、どのような優先順位で考えていくべ
きかを悩んでいると素直に打ち明けないといけません。再就職に悩んだ

当時の自分と同じ目線に立っている人にだったら、当時悩んだいろいろな話をしてくれるのです。

　ちなみに、本書で記載している事例のほとんどは、筆者が直接知っている人たちです。再就職準備セミナーで講演する必要が生じた際に、転職していった知り合いをピックアップして、講演をする必要があるので是非とも話を聞かせて欲しいと言ったところ、参考になる話を率直に話していただきました。それは、講演をするという必要性から、再就職に悩んでいた方と同様の目線で話を聞きたい、という真摯な願いを受け止めてくれたからだと思っています。

　また、転職経験者ではなくても、民間企業に勤務している友人などに、企業内での話をいろいろと聞いてみるのは参考になります。本書でもご紹介したように、民間企業の方が役所よりも身近な転職事例をみてきているので、情報の厚みが違います。

⑶　自己分析

　三歩目は自己分析です。まずは過去の職務経歴・実績をまとめてみることから始めてください。Will、Can、Must を考えてみる、キャリア・アンカーや自身のキャリアの軸を何にすべきかを考えてみる、Canを中心に自分の「売り」を考えてみる、といったことです。

　自己分析を行うに当たっては、みなさんは長く公務の職場にいますから、公務での仕事が民間企業とどのように違うのかは、この際、改めて調べていただくと、自己分析を行う土台がうまく固まり、見方に客観性が出てきます。

　地方公務員出身者が民間企業に転職する例はまだまだ少ないので、求人企業側からどのように受け止められるのかは、まだ常識的な見解が固まっているわけではありません。そのため、もどかしい部分もあるでしょう。セカンドキャリアを考えるということをきっかけに、自己を見つめ直すよい機会だとも考え、分析してみてください。

　ただし、あまり深入りはしないほうがよいでしょう。自己分析のやり

方は論者によっていろいろあり、分類の仕方など様々で、どれが正しいというわけではありません。

　また、様々な業者の開発ツールを使うと自己分析がクリアにできるかといえば、必ずしもそうとはいえないこともあるかと思います。分析結果がどうもしっくりこないといったことは多いものです。そんな時にはあまり深く気にしないことです。

　自分のやりたいこと、得意なことなど、十分にわかっている方も多いのですから、それを軸に、どのようにセカンドキャリアに結びつけていくかに重きを置いて考えた方がよい結果が出ると思います。

2　セカンドキャリアにつながる人事異動の希望の仕方

　みなさんは、現在の職場での昇進も諦めてはいないと思いますし、他方、現在の職場でもセカンドキャリアにつながるような業務経験もしていきたいと思っていることでしょう。

　その前提としての人事異動ですが、異動の希望とは叶えられないものだ、と思っている方は多いのではありませんか。筆者が過去に人事担当者として身上調書を何枚もみていた経験では、「どうせ聞いてもらえないので書きません」など自分からその機会を捨てているケースもありました。

　人事担当者があなたを異動させてもよいと考えているポストは常に複数あります。三つくらいあると考えてもらえばよいと思います。

　その三つがどこなのかは、４年で異動するのであれば、そろそろ異動になりそうなポストのうち、自分と同等の評価をうけているであろう４年ほどの先輩が就いているポストのうちから、希望のポストを書くのです。これが人事異動の希望のうまい出し方です。

　こうした方法の場合、どれも望むようなポストでないと切り捨てたくなることもあるかもしれませんが、そこは我慢して冷静に、その中で、自分が最もメリットがあると思うポストを選ぶのです。人事担当者は、あらかじめ就かせようと思っていた候補のポストの中であれば、必ずといってもよいほど、本人の希望を叶えてあげようと考えます。

　例えば、筆者の経験したある事例だと、Ａ、Ｂ、Ｃの３つの異動候補ポストのうち、Ａに就きたかった場合は、「Ａのポストに是非就きたいと思っています。以前Ａのラインに配属になったのですが、家庭の事情で実質的にほとんど勤務ができず、悔いが残っているためです」と書くのです。では、Ａを希望しない時には、「ＢかＣが希望です。Ａのラインは以前配属になったので、違う業務のＢかＣを経験して仕事の幅を拡げたいです」などと書きます。さて、人事担当者が就かせようと考えて

いないポストをどうしてもやりたいと思っているときには、どうしたらよいのでしょうか。

　行きたいポストの上司に引っ張ってもらうというのは有力な手です。そのルートがあるのであれば、まずそこを押さえましょう。続いて、そのポストに就くことがあなたのキャリア上、いかにメリットがあり、その経験が組織にどのような貢献ができることにつながるのかというストーリーをうまく創りましょう。

　人事担当者がある程度納得するストーリーであれば、しかも、以前の異動時期も同様に何回かそのストーリーでそこを希望していたのであれば、今回は就かせてあげようという気になります。

　また、人事担当者との年1回の面談がある場合でも、その機会だけでなく、上司に今後のキャリアの考え方、希望のポストについて話をしておきましょう。上司が強力に人事担当者を説得して、希望していたポストに就けるという場合もあります。

　意外に思うことは、上司に人事異動の希望を話さない人が多いということです。これは非常にもったいないことです。人事は自分では残念ながらどうしようもないことなので、人に動いてもらうしかないものなのです。そこで、あなたのために動いてくれる人といえば、まずは上司です。上司が、あなたの希望をあなたに代わって人事に掛け合ってくれることは、上司の業務の一つなのです。

　なお、上司とそりが合わないときや、上司から評価されていないときには、話をするのは止めておきましょう。また、そうでなくても、話をしたらそのキャリアの方向性に賛同してもらえなかったということもあるでしょう。その場合も、その時点ではいったん諦めましょう。

　中高年齢層になれば、異動希望にいろいろと書くことは潔くないという考えの方もいることでしょう。その考えも尊いです。しかしながら、現在の職場で就けるポストが残り少ないところで、一つくらい希望のポストに就かせてあげようと思うのも人事担当者の人情です。

　今は真摯に上司に本音で異動の希望を相談するという方は少なく、そ

の上司が年下という場合もあり、相談することをためらう場合もあることでしょう。

　しかし、自分のキャリアを真剣に考えることは真っ当なことです。キャリアストーリーを創って、自分のキャリアにとって重要なポストに就くことを働きかけるということは恥ずかしいことではありません。人事異動のために後先構わず過剰に動くといったことはどうかと思いますが、上司や人事担当者に自分のキャリアの希望を適切に伝えることは、大切なことでしょう。

3　日々の業務の中でできること

(1)　業務の基本的な考え方や根拠の確認

　地方公務員として長年業務を続けていると、現在の法令での根拠や基本的な考え方など、以前からの経験でわかることも多く、改めて調べることが面倒で、おろそかになりがちではないでしょうか。

　例えば、若手の素朴な質問に対して、真っ正面から向き合わずに誤魔化して答えたりしていることはないでしょうか。こうした事項について、一度しっかりと論拠を調べたり、本質を考えて回答を創り出したりすることは、自分の業務経験を強固なものにすることにつながります。

　また、業務は、長年やっているうちに、その本質がみえてくるもので、その業務経験を踏まえながら、改めてその関連知識・情報を整理しておくと、たとえその後法改正があったとしても、その業務の本質は変わらないので、多少の最新の情報を補うだけで、時が経っても当時の業務経験が使えるようになっているものです。

　こうした業務の基本的な考え方や根拠などをおろそかにせず、改めて調べたり考えたりしてみましょう。単なる知識ではなく、理由や考え方が一番重要です。

　こういった姿勢で仕事をしていないと、業務経験が後のキャリアで使い物にならなくなります。単に業務を担当し、作業していただけでは実績（アピールポイント）にはなりません。その業務の本質を理解しておけば、業務を積む中で、自分のオリジナルな業務実績もどんどん残せるようになっていきます。

(2)　文書作成などに用いる各種ソフトなどの習得

　まず、調査・分析、文書作成（最初から細かいテクニックも使い作成）、プレゼンテーション（人に説明）などの基本作業について、何で

も自分でやる習慣を身に付けておくことです。現状では、様々な作業において文書作成や表計算、プレゼンテーション用の各種ソフトなどを使う場面が増えており、そのような作業を慣れている若手や部下に任せがちになっている方もいるでしょう。しかし、セカンドキャリアで自営業なら当然自分一人で何でも作成する必要がありますし、民間企業などでも同様です。現在の職場で再任用を選択する場合であっても、このような作業を担当する機会が現在よりも増えるでしょう。

　この際、こういった各種ソフトの細かい作業のやり方について、まとまった時間を確保してしっかりと取り組み、習得しておきましょう。今まで人にお願いしていたので、細部の納得がいかなかったり、もっとこうしておいた方が見栄えがよいのにと思ったりしても我慢していたことが、自分でできるようになります。新型コロナウイルスの関係でテレワークを経験した方も多いと思いますが、これを契機に、積極的に取り組んでみませんか。

⑶　業務上の事例等の分析

　業務を行う中で、気づいた点を基に分析し、対応策を提示していく。これは業務改善を行う上での基本的な動きです。現場という豊富な事例の中で、日々行っている業務を俯瞰することにつながるものです。

　大層な事例分析でなくても、部署での打合せや定例会議などで目についた業務上の事例をいくつか分析し、その分析結果からみえてくるものがあり、そこから周りが気づいていなかったことが導き出されたり、なんとなくそうかなと感じていたことが数値となって裏付けされたり、といった組織全体の経験知につながるものとなります。

　例えば、自治体の施策の場合に、周知・広報はいつでもつきものですが、実際の効果がどの程度あるのかを、網羅的ではなくても、一定の条件に限定してでも調べてみて、それを基に、新たな周知・広報の仕方を提案するといったことなど、日常の業務のちょっとした延長で行うことが可能です。

⑷　文書にしておく重要性

　部署での会議等での事例分析などは、プレゼンテーション用の発表文書や、レポートのような一定のまとまった形にしておくことをお勧めします。

　よくあるのは、生データや分析データを配付資料として、口頭でのみ話をするというパターンですが、こうなると、その場で説明を聞いた人以外の人には伝わらないですし、その時の話がよかったからと、他の場面で話をすることになった時に、何を話したのかをなかなか思い出せなくなったりします。

　面倒なのですが、メモでもよいので、「目にみえるまとまった形」にしておくことが大事です。まず打ち合わせで話してみて好評だったら、その後にまとめておこうと考えても、大抵、打ち合せ後もまとめないものです。無理をしてでも、その時に形にしておいてください。

　なお、気を付けておくこととしては、職場内でだけ使うときには生データのままでもよいでしょうが、手間はかかっても、データの匿名性などに配慮した加工をして外部でも使えるようにしておくことです。情報管理については、常に細心の注意を払いながら、取り扱うようにしてください。

　ある程度の形（特にデータの匿名性などの加工を施した形）にしておくと、同業者の集まりなど、外部の会議でも気軽に話をしてみようかなと思うようになります。様々な団体の会合で、１年に何回か勉強会をしていることが多いでしょうが、主催者は講師の確保に窮しています。そんな大層な内容でなくても、発表できる小ネタを持っている人がいればお願いしたくなり、そこで人脈もできるというものです。

　また、社内誌、業界誌、地域の経済団体誌などで、コラムをはじめ、誰かに執筆をお願いしたいと思っている編集担当者も多くいます。そういった所に、ある程度形になっているものがあれば、掲載してもらえるチャンスもあるかもしれません。

　外部の発表の機会は、他にも様々なものがあります。例えば、子ども
の学校で、保護者の仕事内容の講演などもお願いされる場合がありま
す。その時は、親として子どもの前で自分の仕事を話すよい機会である
だけでなく、自らの業務を見直すよい機会にもなるものです。また、こ
ういったことを通じて、子どもの学校関係の人たちとの人脈も拡がって
いきます。

　こういったものは、形になった時に、まさに業績となるのです。ま
た、こうした行動を続けているうちに、その発表を聞いた方や誌面を読
んだ人（最近は誌面をネットにあげている媒体も多いので、あらゆる人
が目にすることになります）から、講演や執筆の依頼が舞い込んでくる
こともあります。

　自分の仕事の狭い世界のことは、他の部局や企業の人などは関心がな
いだろうから書いたり話したりしても意味がない、などと思わないでく
ださい。ごくごく狭い世界のこと、ニッチな分野といいますが、そうい
うところでは、直ぐに第一人者扱いになり、意外な活躍ができる可能性
が生じてきます。

　ほんのちょっとした発表や執筆と最初の頃は思いがちですが、是非、
これらはすべて残しておいてください。地方の業界誌での執筆など、
やっていてもついどこかに放って置いてしまって、年末の掃除の時に捨
ててしまうなんてことになりがちですが、再就職を考えるときに後悔し
てしまいます。

　再就職の面接時の話題には、形があるだけに説得力を持ったものとな
ります。もし、執筆したものを論文にするチャンスなどがあったらぜひ
執筆してみてください。実務家の論文は貴重ですから、学会その他でも
注目されると思われます。

⑸　苦手なことに取り組む

　ここまで述べてきたような事柄は、苦手な人も多いかと思います。そ
の他にも仕事をしている上で、本来しなければいけないこと、した方が

よいことでも、苦手だからと後回しにしてきた事も多いのではないでしょうか。

　若手の頃は、上司や先輩から口うるさく注意してもらっていたけれど、ベテランになると周りにいろいろいわれることもなくなってきます。

　しかし、中高年齢層には、苦手な仕事（もの）に取り組み、克服していく具体的な向上心・努力、自分の欠点に気づき、修正していくことができる能力が意外にあるのです。

　「密かにちょっと取り組んでみる」といったことから始めてみてはどうでしょうか。3日坊主でよいのです。それでも始めることに意味があるのです。やってみると、その必要性については今まで身に染みているはずですから、決して無駄にはなりません。一般的に、中高年齢層は成長しないとみられています。この密かな努力は、周りにはインパクトがあるのです。

　こうした姿勢で仕事をしていると、「最近、○○さんが変わった」などとちょっとした噂になってくるでしょう。そうなると、人事評価の面談などでも、上司から評価されることにつながるでしょう。

　褒められると、やる気にもなってきます。若手であれば、「ようやく苦手を克服する気になったか、今までどれだけ手を煩わせてきたか」などと言われてしまいそうですが、ベテランは単純に褒められるだけなのです。

　苦手を克服できそうになかったら、つまり、努力が嫌になったら、密かに止めればよいのです。そして、違う苦手に取り組めばよいのです。

　みなさんにこれをお勧めするのは、やってみたらお得ですよ、ということだからです。また、止めるのも自由だからです。

　筆者は、以前50歳代後半のＩさんと仕事をしたことがありました。当時その職場は組織改編を伴っていて、ゼロから何もかもやっていかなくてはならない大変な状況でしたが、その要のポストに、多くの部下を抱えていた別のポストから異動してきたのでした。

　異動直後は、あと定年までもう少しなのに、どうしてこのタイミングで大変なポストに異動になったのだろうと、Ｉさんは思っていたのかもしれません。少し気持ちが沈んでいるようにも見えました。仕事にも慣れず、筆者自身も大変忙しい状況だったので、フォローもままならず、どうしようかと思っていました。

　しかし、3か月くらい経った頃、おそらくＩさんは自分が要のポストなのだから、自分がやらないとこの組織はうまくいかないと本気で思ったのでしょう。驚くほど精力的に動くようになりました。筆者は、50歳代後半という年齢でも仕事ぶりは変えられるのだということをみせつけられました。今でもＩさんを尊敬しています。

　仕事の能力・技術を上げておくに越したことはありません。若手の時にはその点を気にしていても、ベテランになると、さらに能力・技術・技能で上を目指すことがなくなりがちです。仕事の場では、最後の決め手は、仕事の能力・技術・技能です。ポータブルスキルの高い人ならば、どんな業界・職種の仕事であっても「やりよう」はあります。

　また仕事は、時間と状況に合わせたやり方、スピード感が大事です。民間企業の場合はライバル社との競争がありますし、取引先の無茶な要請もあります。そういったことに全く対応できないというのではなく、「それなり」の「やりよう」で乗り切るということができる、できないでは、いうまでもなく大きな差があります。

　また、仕事で結果（利益）を出せることを重視してください。公務員だと、民間企業より結果を軽視しがちな傾向がある点には注意が必要です。

⑹　プロ人脈を徐々に拡げていく

　公務に従事することのよい点は、仕事の関係で民間企業や学者・研究者の方に話を聞きに行く機会があることです。日本の第一人者の方とでも、仕事上のつながりができることです。

　ニュース等で取り上げられていたりする企業や研究者の方に、仕事で

関連があれば、会って話を聞かせていただく機会を得る場合も多いものです。仕事上関連があるからといって、このような機会が与えられるのは、役所以外では、大手マスコミや学者・研究者くらいしかないのではないでしょうか。

　もちろん、こちらも当該行政のプロである必要があります。話を聞きに行く時でも、相手もこちらから有用な情報を聞きたいと思うからこそ貴重な時間を割いてくれるのです。

　こういった訪問をきっかけに、勉強会に誘われたり、発表の機会が与えられたりということもあります。その中でいろいろな人脈ができてきます。

　学会（学術団体）にも入ることができます。大学等の研究者でなくても、その分野の実務を行っていれば、大抵の学会の入会資格は満たしています。筆者が入っている日本行政学会でも、多くの地方公務員の方が入会されています。

　その他、転勤で単身赴任されている場合などでは、各都市で単身赴任の会というような業界横断的な集まりが、結構開かれています。そういった所に顔を出しておくこともよい機会となるでしょう。

　筆者も、ロンドンに半年だけ赴任していた際に入れてもらっていた集まりが、東京でも年に2回開かれており、時間が合うときは必ず顔を出すようにしています。

⑺　現在の仕事の中で心がける視点

　中高年齢層になると、職場でも「責任」が生じてくるところが若手の頃とは一番の違いです。自分一人に対して責任を負うのではなく、組織の責任を負うことが必要になってきます。

　管理職であれば当然ですが、管理職の手前、課長補佐や専門官などといったクラスでもそのことは要求されています。

　これは、逆に言うと、組織に対して無責任な批判をしないで、そう思うのであれば、組織を変えていく努力をしていかなければならない、と

いうことです。

　組織での様々な知見の蓄積について思いを馳せながら、業務を発展さ
せ、その成果を組織の成長につなげていく、当該組織の中での自分の役
割を常に意識しながら仕事をする、当該組織のあり方や業務について改
めてみつめ直す。こういった姿勢が、中高年齢層の仕事での取組み姿勢
において、最も大事なものだといえます。

　もし、こういった姿勢での取組みをやっていないのであれば、今から
でも取り組むようにしてください。

　日本の職場では、組織の一員としていかに仕事をするかが大事です。
そうすると、組織の使い方もわかってきます。一人ではできない仕事を
しているのだという自覚ができてきます。他のメンバーの仕事ぶりを常
にみるようになります。人をみていると、人との比較で自分のダメなと
ころもみえてきます。反面教師というような人をみることもあるでしょ
う。

　課全体がみえてくると、次に部全体に目を移します。そのように段階
を経ていくと、自治体全体と社会との関係がみえるようになってきま
す。

　よく中高年齢層の再就職で、管理職経験者や組織をまとめてきた人は
有利になるといわれます。それは、上記の視点を持ちながら仕事ができ
る人だからです。組織をわかっている人が一人増えるだけで、それ以上
の仕事の成果を生み出すことも可能になるのです。

　現在、管理職ではない人であっても、この視点を常に持ちながら仕事
をするようにしてください。

⑻　仕事での緊張感と給与に見合う貢献

　現在の職場で緊張感はありますか。いつものメンバー、知った仕事、
顔なじみの関係先、こういった環境は、非常に居心地よいものでしょ
う。

　しかし、緊張感のある仕事はできているでしょうか。仕事の中で、で

きない、やらない、言い訳ばかりしている、といったことはないでしょうか。

　ベテランにはベテランの緊張感、職人の世界などでよく聞く表現です。職人の世界は毎日毎日同じ仕事で、来る日も来る日も同じ事ばかりしている、と周りからみえると思います。しかし、当人は毎日一つとして同じものはないといいます。例えば、あんこや豆腐造りの職人には、毎日の気温、水温、豆の状態、微妙すぎて他の人にわからない違いが、感じられるのです。それらを感じ取って最適な作業を行っていく。これが緊張感というものです。

　公務の毎日の業務にはいろいろな変化があります。住民からの問い合わせも、議員からの質問も様々なものがあります。社会の情勢も刻々と変わり、それに応じて、同じような事案でも、対応を変えていかねばなりません。

　みなさんも、新人の頃、若手の頃に、門外漢の部門に異動した時、緊張感があったはずです。仕事の上で自分を律することは、転職後に向けた訓練にもなります。

　これからは、現在の職場に転職してきたつもりで、緊張感のある仕事をしてください。みえてくるものがあるはずです。そうすると、現在の仕事の延長上に、充実したキャリア形成、セカンドキャリアへの道があることでしょう。

　さらに、一歩進んで経営者になったつもりで、自分の働き・役割にいくら払っても惜しくないかを考えてみましょう。賞与も含めて、年収を実労働日、実労働時間で割ってみてください。1日1時間がいくらになるでしょうか。もしあなた自身をあなたが雇うとすると、あなたの働き・役割にそれだけの金額を払う気になるでしょうか。

　正直、筆者は今日1日の働きは、給与以上にできたと思える日がなんと少ないことかと反省してばかりです。会心の仕事ができたと思えるのは本当に数えるばかりです。給与に見合う貢献が少しでもできるようになること、これは若手に比べて給与が高い中高年齢層が自覚しておかな

ければならないことです。

⑼ 定期的なキャリアの検討

　ご自身のキャリアについて、日頃から考える時間を定期的に作ってください。1週間に一度、例えば日曜の昼下がりに1時間、あるいは30分でも必ず家で机に向かってキャリアについて考える時間を持つのです。この時間は重要です。

　キャリアについて何を考えたらよいのか、と思うのであれば、現在の仕事について、先週の仕事の反省や今週の仕事の段取りなどを考えることから始めてもよいでしょう。その時に、組織とのかかわりを考える、人事異動の希望先を考えるなどといったこともよいでしょう。

　職務経歴、キャリア、スキル等の整理、検討などもよいでしょうし、具体的にキャリア形成と再就職を見据えたネットワーク作り（紹介ルート、業界情報入手ルート等の整備）などを考えるのにもよい機会です。

　今まで、こういったことを定期的に考える機会を持ったことがない人も多いと思いますが、職業生活を歩む上で、キャリアを考えていく時間は常に必要です。

　現在の職場からセカンドキャリアに移る中高年齢層は、職業キャリアの集大成を図るべき時期なのですから、悔いのない選択ができるように、十分な検討をする時間を確保していくべきでしょう。

4　ビジネスのマナー・社会人としての基本

　民間企業では、誰もが社外に出れば会社の顔であり、会社の代表として、社員一人ひとりがその評判を背負って仕事をする存在だと考え、早く「お客様の前に出せる」存在になるよう、その企業の社風・仕事スタイルが教育されます。当該企業の名前を冠した「〇〇マン（ウーマン）」に、早くなってもらうということが大事であるからです。

　公務の場でも、自治体では、当該自治体のあるべき公務員像を提示しているところもありますが、民間企業ほど徹底的に教育されているわけではなく、昇進試験の出題や採用面接での質問に使われている程度というケースも多いのではないかと思います。

　民間企業での「お客様の前に出せる」指導は、新入社員に対して、最初の研修から始まり、年間を通じて、職場で業務を遂行する中で、上司や先輩などから徹底的に教育されます。学生からいきなり社員になっているのですから、どの企業においても必要なビジネスマナーともいえるものや社会人の基本といえるものから、まず教育されます。

　言葉遣い、電話の受け答え、訪問先での挨拶の仕方、服装、名刺の受渡し、座席の上座・下座、車に乗る際の座席、お礼状の書き方、社外の人との会話における上司の呼び方など、様々な社会人としての基本があります。

　筆者は、新卒で民間企業に就職した後、国家公務員に転職していますが、最初の会社で身に付けた社会人としての基本が公務員には身に付いていないことを、様々な場面でみてきました。とにかく、上司が身に付いていないので部下が身に付くはずもなく、そういう職員と同席する民間企業の方々には、いつもその非礼を詫びていました。

　これは、公務員がそれ以外の世界に転職する上で、最も大きな壁であると思っています。しかも、やっかいなのは、本人が全くといっていいほど自覚していないこと、中高年齢層になると周りが誰も本人に言えな

い、言ってくれない点です。

　自覚がないといっても、公務員である自分はそういった点は民間企業の従業員に比べて弱いという認識はあるでしょう。しかしながら、これが特に面接においては、不採用になる決定的な要因になっていることにはなかなか気づかないものです。以下、具体例をあげてみましょう。

(1)　電話のマナー

　民間企業では、新入社員には最初は電話を取らせないという企業もあります。社会人の基本がなっていない新人に取らせるとトラブルになることが多いからです。何週間か経って、慣れてくると電話を取らせるようになりますが、周りの先輩社員がその電話の会話を耳をそばだてて聞いています。相手との電話で失礼があったり間違いがあったりすると問題ですので、そんなときには直ぐに然るべき者が替わったり、電話中に本人にわかるようにメモを入れたりするのです。電話は、周りには話している本人の声しか聞こえません。相手の声が聞こえないのに、適切にフォローできるようにするには、どうしたらよいのでしょうか。

　電話を取ったときに、社名を名乗ったのち、「はい、〇社の〇〇様ですね。いつもお世話になっております」と誰からの電話であるかを周りにわかるようにします。

　次に、相手の言っていることを不自然にならないように、適宜復唱または要約するのです。周りには相手との会話の内容がわかるように、相手には先方の言っていることの確認の意味を込めながら話していくのです。

　特に大事な電話を待っているときに、電話のかけ方がわかっていない社員が電話を取ると、どういう内容かがわからず周りがいらいらしながら、片方だけの会話を聞かされ続けるということになります。

　以上は、新入社員だけに当てはまるものではありません。ベテランになろうが、上司になろうが、基本的に電話での会話は周りが注意を払うことが必要です。

　その理由は、まずは情報の共有です。特に緊急案件や大事な案件では、電話を切ってから、もう一度電話の内容を説明する時間的余裕はありません。また、電話を受けている人が上司であり、その内容が自分の担当案件であった場合、電話が終わった後に、上司がわざわざ部下にもう一度電話の内容を話してくれない場合もあります。

　次に、話している者への周りのサポートです。新入社員の場合は、当然周りが問題のないようにと警戒しフォローします。また、よくあるのは、先方と揉めている案件で、その情報をうまく上司に報告できていない時に限って、相手先が上司にあげて、その上司からこちらの上司にいきなり電話がかかってくることです。この場合、上司たる者、担当者から聞いていないのでわかりませんとは言えず、情報が少ないながらも相手との緊張感のあるやり取りを、いきなり電話で始めることになります。その場合に、当該案件を担当している部下がその電話がかかっていることに気づかないと大変なことになります。そのような電話がかかっているのではないかと思ったら、上司の席まで近づき、会話の内容を聞きながら、懸命にメモを入れてサポートします。

　もし担当の部下が気づかなかったりすると、もともと、適切なタイミングで上司に報告・相談していなかったという落ち度があることと重なり部下失格となってしまいます。

　また、話している者は話すことに一所懸命で、メモを取ることもままならず、電話を切った途端に大事な会話の内容を忘れていたりするものです。そういう時に、周りにいる者が電話に聞き耳を立てていて、電話終了後に本人が忘れてしまった事柄について、「こう言っていたよ」などとフォローしてあげることができるのです。

　筆者は国家公務員の職場に30年ほどいましたが、残念ながら、この電話の基本的なかけ方が身に付いている職員がほとんどいませんでした。部下には口酸っぱく何度も指導していたのですが、この電話のかけ方が身に付いた職員は少なかったものです。

　もちろん、外資系企業や各人の業務が明確に分かれている職場などで

は、このような事はする必要はないでしょうが、大部屋でチームで仕事を行う日本的な職場には大事な事です。

　再就職で入った職場で、上記の電話のかけ方ができなかったら、あなたの職場での存在はどうなるでしょうか。周りから、電話のフォローができない、同僚の電話のフォローはしてくれない人であるとレッテルを貼られるだけです。その他、電話の対応では、相手に好印象を与える、簡潔かつていねいな応対をする、といったことも求められます。

⑵　職場での言葉遣い

　職場での言葉遣いについても、公務員と民間企業では大きな差があることを感じます。公務員は、外の人がいる場合はまだしも、特に、職場内のメンバーでの言葉遣いには問題があります。民間企業では、仕事中の職場での会話は、たとえ職場内の人だけの会話でも、基本的に「よそゆき」の言葉で話すことが多いと思います。服装にも同じことがいえるでしょう。もちろん、企業によって違いはあり、IT業界などに代表されるような自由なところもありますが、例外的です。

　筆者が民間企業から公務の職場に転職して驚いたのは、仕事の打ち合わせにもかかわらず、日常のくだけた会話と同じ言葉遣いをする人が多いということです。これについては、残念ながら気づいていない公務員が多いと感じます。民間企業に入ってそのような言葉遣いをしていると、常識がない人、職場での緊張感がない人と思われます。

　ビジネスマナーの研修や講座でも、この2つのようなことまで説明しているところは少ないでしょうが、大事な基本です。

　その他、公務員の場合、次のようなビジネスマナーや社会人の基本というべきことが身に付いていない場合に注意してください。

- ●挨拶（明るく挨拶：職場内、関係先）
- ●訪問先での対応（名刺のやりとり、座席位置、少しでも遅刻する場合の連絡等）
- ●取引先との距離感（こちらが顧客である取引先と相手が顧客であ

　る取引先といった上下関係などを理解）

　●TPO（時と場所、場合に応じた方法・態度・服装等の使い分け）

　この機会に一度、改めて秘書検定の解説書や新入社員向けの書籍など
を手に取って、初心に返ってていねいに目を通し、自己点検しておくこ
とをお勧めします。

あとがき

　公務員向けのセカンドキャリアについては、本当に情報が乏しい中、再就職支援の実務担当者として学んだものを稚拙ながらも集大成したものが本書です。筆者としては、荒削りではありますが、セカンドキャリアに悩む地方公務員の方には興味をもって読んでいただけたのではないかと思っております。

　本書は、筆者の初の単著でもあります。はしがきで述べたように、内閣府官民人材交流センターで国家公務員の再就職支援を担当した際の、「再就職準備セミナー」での筆者の講演内容を基にしてまとめています。

　当時、中高年の再就職にかかわる民間の職業紹介事業の実務担当者、高齢者雇用分野の研究者、実際の転職経験者の方々とさまざまな議論を重ね、お知恵を拝借しながら、毎年毎年工夫を重ねてきたセミナーの内容を是非とも書籍として出版し、地方公務員の方々にも参考にしていただきたいという思いが、ようやく実現しました。

　本書の刊行に際しては、第一法規株式会社の岡田光彦氏、大木島幸氏に大変お世話になりました。公務員向けでは類書がない本書が日の目をみることができたのも両氏のお陰です。特に大木島氏には、各段階での原稿の締め切りに毎回のように遅れて迷惑をかける中、辛抱強く叱咤激励してくださり、編集担当者としてのみならず最初の読者としても、厳しい質問や指摘などをいただき、こちらも随分勉強させていただきました。ここに、厚くお礼申し上げます。

　中高年齢層の方々にとっては、40歳代、50歳代は第1の職業生活の集大成ともいえる時期です。1日、1日を大事に過ごしながら、現在は水平線の彼方にある、第2の職業生活（セカンドキャリア）に向かって、勇気をもって、大海原を漕ぎ出しましょう。本書がその羅針盤となることを願っています。

城戸　亮

■参考文献・資料

〔書籍等〕

権丈善一「金融庁の報告書が実はとんでもない軽挙のワケ」東洋経済 ONLINE、2019年6月30日）

小林公夫「国家公務員の天下り根絶に向けた近年の取組」レファレンス 2012.8

田澤実「キャリアプランニングの視点"Will, Can, Must"は何を根拠 にしたものか」生涯学習とキャリアデザイン、2018-03、15 (2)

一般社団法人人材サービス産業協議会「ミドル層のキャリアチェンジに おける支援技法」

一般社団法人人材サービス産業協議会「ヒアリング・面談スキルを高め マッチングの可能性を拡げる"ポータブルスキル"活用研修講義者用 テキスト」

エドガー H. シャイン著、金井壽宏訳『キャリア・アンカー―自分のほ んとうの価値を発見しよう―』白桃書房、2003年

城戸亮「「中間管理職・人事部門の機能・役割等に関する調査」結果に ついて」季刊行政管理研究、2011.12.、No.136

菅野和夫『労働法〔第12版〕』弘文堂、2019年

高橋晋「自営型高齢期就業の可能性を求めて―専門的職業における高齢 期開業者の特徴分析―」Works Review、Vol.1 (2006)、110-123、 リクルートワークス研究所

中小企業庁『中小企業白書』2017年

今野浩一郎・小曽根由実「特集　多様で柔軟な働き方が会社を強くす る」（インタビュー）NAVIS、032、MAY 2017

大内孝夫『「音大卒」の戦い方』ヤマハミュージックメディア、2016年

総務省『地域おこし協力隊の受入れに関する手引き（第4版)』2020年

〔統計資料等〕

厚生労働省「令和元年簡易生命表」

総務省「労働力調査（基本集計）」2019年

総務省「平成30年度　地方公務員の退職状況等調査」

総務省「平成31年地方公務員給与の実態」

人事院ホームページ「国家公務員生涯設計総合情報提供システム」

総務省「家計調査年報（家計収支編）」2019年

公益財団法人生命保険文化センター「令和元年度「生活保障に関する調査」」

国税庁「平成30年分民間給与実態統計調査」2019年

金融審議会市場ワーキング・グループ報告書「高齢社会における資産形成・管理」2019年6月3日

厚生労働省「高齢社会に関する意識調査」2016年10月

総務省「平成30年度　地方公務員の再任用実施状況等調査」

「早期退職慣行の是正について」2002年12月17日閣僚懇談会申合せ

内閣官房・総務省「早期退職慣行の是正について」2009年4月28日

国務大臣（規制改革・行政改革担当）中馬弘毅「新たな公務員人事の方向性について」2006年9月15日

内閣官房内閣人事局「国家公務員が知っておかなければならない「再就職に関する規制」と「再就職情報の届出制度」」2020年1月

総務省「地方公務員の退職管理に係る制度及び取組状況」2019年4月1日

総務省自治行政局公務員部高齢対策室「地方公務員法における退職管理の概要について（地方公務員の退職管理の適正の確保）」

総務省自治行政局公務員部高齢対策室「地方公務員の退職管理の適正の確保について」

内閣府官民人材交流センター「官民人材交流センター求人・求職者情報提供事業　利用の手引き（求職者用）」2020年5月改訂

内閣府「平成25年度高齢期に向けた「備え」に関する意識調査」2014年3月

独立行政法人労働政策研究・研修機構「高年齢者の雇用に関する調査

（企業調査）」2020年3月

人事院「平成29年度退職公務員生活状況調査」

日本政策金融公庫総合研究所「シニア起業家の開業～2012年度「新規開業実態調査」から～」2012年

日本政策金融公庫総合研究所「ゆるやかな起業の実態と課題～「起業と起業意識に関する調査（特別調査）」結果から～」2019年

総務省「令和元年度地域おこし協力隊の定住状況等に関する調査結果」2020年1月17日

著者紹介

城戸　亮（きど　あきら）

北海道大学公共政策大学院教授
　専門分野：キャリア論、人的資源管理、労働法、公務員法、行政学、
　　　　　　公共政策、公共経営
元内閣府官民人材交流センター総務課長

　昭和39年大阪府生まれ。京都大学法学部卒業。横浜国立大学国際社会科学研究科博士課程後期単位取得満期退学。

　大学卒業後財閥系民間企業に勤務。在職中に国家公務員試験を受け27歳で旧労働省に入省。職業能力開発局、職業安定局、大臣官房などの部局に勤務。総務省人事・恩給局に出向後、総務省に転籍。その後、内閣府官民人材交流センター、総務省公害等調整委員会事務局などの勤務を経て現職。

　内閣府官民人材交流センターでは、再就職支援担当参事官、総務課長として平成26年から4年弱の間、国家公務員の再就職支援を中心に担当し、本書の基となった再就職準備セミナーを全国で企画・実施した。また、現在の年金制度の大枠となった平成16年の公的年金制度の改正を、厚生労働省社会保険庁年金保険課課長補佐として担当した。

サービス・インフォメーション

―――――――――――― 通話無料 ――――

①商品に関するご照会・お申込みのご依頼
　　　　　TEL 0120(203)694／FAX 0120(302)640
②ご住所・ご名義等各種変更のご連絡
　　　　　TEL 0120(203)696／FAX 0120(202)974
③請求・お支払いに関するご照会・ご要望
　　　　　TEL 0120(203)695／FAX 0120(202)973

●フリーダイヤル(TEL)の受付時間は、土・日・祝日を除く
　9:00～17:30です。
●FAXは24時間受け付けておりますので、あわせてご利用ください。

地方公務員の再就職
セカンドキャリアに活きる「公務員のスキル」の強みを知る!

2020年11月5日　初版発行

著　者　城戸　　亮
発行者　田中英弥
発行所　第一法規株式会社
　　　　〒107-8560　東京都港区南青山2-11-17
　　　　ホームページ　https://www.daiichihoki.co.jp/
装　丁　タクトシステム株式会社

公務員再就職　ISBN978-4-474-06844-5　C2031　(5)